從「思」到「行」的人生轉變

擊潰惰性、學會獨立自主、整治負面情緒……

除去以上毛病，「動」起來不再要命！

橫渡未知

胡美玉 編著

人生這場注定不平等的遊戲，開局不好別絕望得太早！

◎ 加入一個強大的公會（拓展人脈）

◎ 努力做任務提升等級（培養內涵）

◎ 收集卷軸道具去冒險（開闊視野）

現在讓我們收拾心情，一起穿越驚奇的征途，迎接未知的挑戰！

目錄

第三章　必須馬上積極主動地行動

第四章　摸著石頭過河

第五章　行動是思想的發動機

第六章　影響行動的內在

第七章　一個好漢三個幫成就大事業

第八章　用行動實現自己的財富夢和生命藍圖

第一章
思與行：人生的分水嶺

思而不學則惘，學而不思則怠。

—— 孔子

只想不做、只做不想、不想也不做都是寸步難行的，面臨的將是慘遭淘汰的殘酷現實。孔子云：「學而不思則罔，思而不學則殆。」思考是想，幻想是想，理想也是想，總之想的範圍很廣，想的內容很複雜，絕非三言兩語能夠表達清楚。相對而言，做的範疇就狹窄許多，也簡單許多，做就是付出行動，來實現某種想法。做的過程中，不僅自己知道自己在做什麼，而且別人也會知道你在做什麼。

1. 千里行始於足下

有這麼一個故事：

兩個和尚每天輪流打掃寺院，一個和尚每天打掃寺院需要兩個鐘頭，而另一個和尚每天打掃寺院只需花一個鐘頭。同樣是打掃同一間寺院，為什麼兩個和尚所花的時間相差如此之大呢？原來，打掃寺院一般只是為了打掃落葉，而落葉並不是整間寺院都有，且有落葉的地方落葉並非厚薄均勻。第一個和尚的做法是無論有沒有落葉，不管落葉有無厚薄，一律從東掃到西或者從西掃到東，逐一打掃。原本沒有落葉的地方也會因為掃來的落葉要從此經過而變得有落葉。毫無疑問，越掃到後面，落葉越多越厚，負荷越沉重。要想把寺院打掃乾淨，那麼就要花更多的力氣和時間來完成。這種重複做工的做法是只做不想的典型。第二個和尚則不同，他從沒有落葉的地方往落葉集中的地方打掃，從落葉稀薄的地方往落葉稠密的地方打掃，等落葉掃到有一定數量、較為集中的時候，便裝進畚斗，待畚斗裝滿後，就倒入垃圾桶，然後再繼續下一個回合的打掃，這樣做既省時又省力，原本沒有落葉的地方也無須重複打掃、重複做工，這樣就避免了無效做工。顯然，第二個和尚是動了腦筋的，是想過如何做才能既省力又省時的。由此可見，想與做，兩者是有著內在連繫的，也是相輔相成的。如果把兩者分開，單獨去完成某項任務，那麼，在完成任務的過程中要麼無法完成，要麼完成起來很費力。

同樣是兩個人，為什麼兩個人會相差甚遠呢？這是因為駕馭想與做的能力的差異引起的。勤於思考，勤於實做的人肯定有所作為，而懶於思考，四肢不勤的人，即便天生是個天才，也難能成就事業。

也有可能是不想也不做的人，這就更可怕了，如同在人生的十字路口不知所措，不知何處何從，只能隨波逐流，得過且過。為什麼有些人一天到晚來去匆匆、忙忙碌碌，總覺得還有很多「事情」沒有時間做呢？這些人極有可能是瞎忙。只想不做，那叫空想；只做不想，那叫蠻幹。為什麼有些人一天到晚覺得苦悶空虛、百無聊賴呢？這些人極有可能是只想不做的人。這些人既想得到什麼，而又懶於付諸行動，最終什麼也得不到，只能整天過著虛幻般的生活，整天生活在幻想的世界。因為他在做這些事情之前未曾想過事情的輕重緩急和細枝末節，未曾想過做這些事情到底有沒有意義，未曾想過做這些事情如何才能做得既快又好。儘管這些人能博得埋頭苦幹、兢兢業業的美譽，但很少能做出一番成績來。

如何把想與做運用到學習當中呢？

只想不做，那叫空想；只做不想，那叫蠻幹。為什麼有些人一天到晚覺得苦悶空虛、百無聊賴呢？這些人極有可能是只想不做的人。這些人既想得到什麼，而又懶於付諸行動，最終什麼也得不到，只能整天過著虛幻般的生活，整天生活在幻想的世界。當然，也有可能是不想也不做的人，這就更可怕了，如同在人生的十字路口不知所措，不知何處何從，只能隨波逐流，得過且過。為什麼有些人一天到晚來去匆匆、忙忙碌碌，總覺得還有很多「事情」沒有時間做呢？這些人極有可能是瞎忙。因為他在做這些事情之前未曾想過事情的輕重緩急和鉅細，未曾想過做這些事情到底有沒有意義，未曾想過做這些事情如何做才能做得既快又好。儘管這些人能博得埋頭苦幹、兢兢業業的美譽，但很少能幹出一番成績來。

有些人今天羅列一些打算，明天制定一些計畫，信誓旦旦立志做一個苦行僧，甚至立下不達目的不回頭的豪言壯志。結果呢？第一天能很好地堅持，第二天還能堅持，第三天勉強能堅持，到了第四天豪言壯志就被拋到九霄雲外了。回頭細想，便又推翻了原有的打算和計畫，重新羅列新的打算、制定新的計畫，而這些新的打算和計畫實現起來不到三、四天又表示懷疑了，於是又羅列……就這樣一而再，再而三，周而復始，時間白白流逝了，最終一無所獲、一事無成、一世無成。這是典型的只想不做或者只想而做不到的空想主義者。

想與做如同人的兩條腿，有誰願意看到自己的兩條腿一長一短，參差不齊呢？只有想與做兩者均衡發展了，只有想與做兩者相得益彰了，那麼，在坎坷崎嶇的人生道路上，才能邁出堅實的步伐，才能走上平坦寬闊的大道，才能讓理想變成現實。

是因為害怕失敗還是太追求完美，許多人沒有獲得人生的成功，他們在人生路上總是患得患失游移不決。這裡的一個關鍵問題是他們沒有真正理清思與行，即想法與做法的關係。是先思後行還是先行後思，他們一直不清楚，不知道該何去何從。

一個獵人去深山老林裡打獵，叢生的荊棘擋住了去路，於是他拔出別在腰間的雙刃劍，一陣狂舞後終於劈開一條能夠深入深山老林打獵的路。獵人要是沒有這把雙刃劍，要想深入深山老林恐怕只能成為紙上談兵。想與做其實也是一把「雙刃劍」，只有掌握了這把「雙刃劍」，才能在人生道路上劈荊斬棘，才能在崎嶇的道路中踏出一條平坦的路來。

2. 生存的意義在於創造價值

有這麼一個禪話：

唐朝百丈懷海禪師，承繼開創叢林的馬祖道一禪師以後，立下一套極有系統的叢林規矩 —— 百丈清規，所謂「馬祖創叢林，百丈立清規」即是此意。百丈禪師倡導一日不作一日不食的農禪生活。曾經也遇到許多的困難，因為佛教一向以戒為規範的生活，而百丈禪師改進位制度，以農禪為生活，甚至有人批評他為外道。因他所住持的叢林在百丈山的絕頂，故又號百丈禪師，他每日除了領眾修行外，必親執勞役，勤苦工作，對生活中的自食其力，極其認真，對於平常的瑣碎事務，尤不肯假手他人，漸漸的，百丈禪師年紀老了，但他每日仍隨眾上山擔柴、下田種地，因為農禪生活， 就是自耕自食的生活。

弟子們畢竟不忍心讓年邁的師父做這種粗重的工作，因此，大眾懇請他不要隨眾出坡 （勞動服務），但百丈禪師仍以堅決的口吻說道：「我無德勞人，人生在世，若不親自勞動，豈不成廢人？」

弟子們阻止不了禪師服務的決心，只好將禪師所用的扁擔、鋤頭等工具藏起來，不讓他做工。百丈禪師無奈，只好絕食抗議，弟子們焦急地問道為何不飲不食？

百丈禪師道：「既然沒有工作，哪能吃飯？」弟子們沒辦法，只好將工具又還給他，讓他隨眾生活。百丈禪師這種「一日不作一日不食」的精神，也就成為叢林千古的楷模！

有人以為參禪，不但要屏絕塵緣，甚至工作也不必去做，認為只要打坐就可以了。其實不做工作，離開生活，哪裡還有禪呢？百丈禪師為了拯救禪者的時病，不但服膺「一日不作一日不食」的生活，甚至還喊出「搬柴運水無非是禪」的口號。不管念佛也好，參禪也好。修行不是懶惰的藉口，希望現代的禪者聽一聽百丈禪師的聲音！

今天的時代知識爆炸，資訊繁雜，這也就意味著每一個人都必須面臨更大的競爭和挑戰。想在人海中遨遊而不迷失方向，就必須要擁有一把裝在心中由「想與做」鑄造成的雙刃劍。只有掌握了這把「雙刃劍」，才能在人生路上披荊斬棘、遊刃有餘；也只有這樣，才能少走彎路、少摔跤，才能順利達到理想的彼岸。

去遠方，心中一直珍藏著一個這樣的理想，想背起夢的行囊 —— 去遠方。膩了背著枯燥去描繪絢爛，厭倦了踩著苦惱去通向輝煌。不想每天早上看鏡中那副虛偽的面具，不想每時聽自己負重而壓抑的喘息。不能夠改變社會，又不甘心被社會消融。於是，想用自由的經歷換取內心的充實，用印遍萬水千山的足跡來提煉情感的真實。在別人眼中是逃避也好是開創也罷，對於自己——全不在意。

遠方的苦難，是自己甘心選擇的磨礪；遠方的孤單，是自己情願體會的孤寂。即使奮戰而敗，也敗的幸福無比。堅信自己——一定會看到弱者看不到的風景，看到強者才配看到的地平線。

看日出之雄偉，賞日落之輝煌；觀大海之遼闊，見小溪之纏綿；享大漠風沙，遊碑林雁塔。用心去普嘗人世滄桑。無需流淚，無需後悔，不用擔心，不用徬徨，走到夢的盡頭，自會找到心的方向。裝上堅強的羽翼，去遠方！

原來我現在要做的，只是做而已。

有人說人生是跋涉，也是旅行；是等待，也是相逢；是探險，也是尋寶；是眼淚，也是歌聲。是的，人生是一齣精采的舞臺劇，每天都上演著風花雪夜、刀光劍影。人生是一頓豐盛的套餐，酸甜苦辣，五味俱全。人生也是不斷進取的過程，世間萬物都遵循著不變的規律，不進則退，不思則鈍。

馬克思說：「任何時候我也不會滿足，越是多讀書，就越深刻地感到不滿足，就越感受到自己知識貧乏。科學是奧妙無窮的。」人生就是這樣一個豐盛的寶藏，挖得越深，越覺得神奇。然而挖與不挖，卻是取決於人的意志力，取決於一個人的人生觀，而人生觀是獲取幸福和成功的鑰匙。正確的人生觀能讓我們學會欣賞路途的風景，不管是狂風還是細雨，而消極的人生觀卻讓我們感受到生之痛苦，覺得活著是一種累贅，生不如死。如同沒有殼的蝸牛，找到了殼把它看成包袱。

進取是正確的人生觀裡的一個部分，它是指在我們能正確認識人生中的挫折和苦難後，往更高的目標前進，是獲得高品質的人生價值的一種推動力。是懂得活著的意義，明白活著的價值，是透過努力所獲得的得失成敗的體驗。是一種積極的生活態度，而這種態度，能讓我們懂得愉快地過好每一天，能讓我們學會為生活增加絢麗的色彩，能讓我們感受到體驗本身就是快樂的過程。生活在世上，很多人都渴望能擁有幸福，獲得榮譽，得到地位，獲取金錢。而這一切就需要有一個積極的進取態度，有了這種態度和決心，你才會為之而努力奮鬥。才有可能獲得成功。

小宇畢業後，進入某飛機燃料公司工作，一個與所學相關的工作，熟悉的專業知識讓他更好的發展自己的事業，由於勤奮和努力，他很快通過了公司內部的資格考試，成為了公司通過 ISO9000 認證的重要工作人員，當公司建立管理系統時，他在大學累積的電腦方面的知識，讓他得到了充分的發揮。由此，這個初出茅廬的年輕人，用較短的時間就在公司中獲得穩定的職位。

在職業平穩發展時，他覺得人生價值難以展現，他決定要轉行到金融領域，為了考 MBA 辭去很好的工作。後來錄取商學院工商管理碩士，轉行進入金融領域，在證券公司、信託投資公司擔任相關職位。

進入金融領域，在發展了一段時間後，他又找到了新的目標，沒有傳媒行業的從業背景，準備進軍更加陌生的行業——媒體。

看了上面的故事，你一定明白了一個道理，小宇的成功就是源於不斷地進取。一個不能滿足，不斷進取的人一定會取得事業的成功。大學畢業後，本來進入了某飛機燃料公司，對他來說，這是一個不錯的行業，但他並不滿足眼前的成績，並不因取得了這些榮譽而沾沾自喜，而停步不前。他還想向其他領域進軍，向更高的行業攀登。

其他的行業對於他來說是陌生的。要重新發展一項事業對每個人來是極艱難的，但積極挑戰的進取心，勤奮好學的態度，永不滿足的人生追求，決定了他勇往直前。絕不後退，毫不猶豫的辭職，進入他喜歡的金融行業，並不斷地加強學習和累積知識，讓他再一次取得了不俗的成績，進入了管理階層，成為中高階的證券管理者。

而他又向前邁出了一大步，向另一個不熟悉的行業——媒體，發起又一次進攻。當我們感嘆他不同凡響的人生時，是否想到，這一切都源於他不斷進取的決心和刻苦努力的結果。很多人在取得成績後，常常停步不前，抱著成績沾沾自喜，充分享受成績所帶來的一切，而他卻有一種「居安思危」的心態，他明白，不進則退的道理，明白成績不會是永恆的，成績只代表當時並不代表未來。就好像沒殼的蝸牛透過尋找，最終為自己找到了棲身的殼。因此人只有不斷地進取，才能立足社會，才能充分展現自我的價值，才能無愧自己的人生，才不會被社會時代所淘汰。

下面我要講一個面試的小故事：

有個年輕人到公司應徵會計。這位剛剛畢業的大學生在面試時就遭到拒絕，因為他實在太年輕了。公司要找的是有豐富工作經驗的資深會計人員。年輕人一再堅持，他對面試官說：「請給我一次機會，讓我參加你們的筆試。」面試官拗不過他，答應了他的請求。結果這位年輕人居然通過了筆試，由人事經理親自複試。

人事經理對這位年輕人非常有好感。不過年輕人的話卻讓經理極為失望，他坦率地對經理說自己沒有工作過，唯一的經驗就是在校時掌握學生會的財務。找一個毫無工作經驗的人做會計無疑是很不划算的，經理決定收兵。他對年輕人說：「今天就到這吧，若有消息我們會打電話通知你。」年輕人向經理點點頭，說：「不管你們是否錄取我，請都打電話給我。」經理對這位年輕人產生了興趣，接著問：「如果你沒被錄取，我們打電話給你，你想知道什麼？」「請你們告訴我在什麼地方達不到你們的要求，我在哪方面不夠好，這樣我可以改進。」經理微微一笑：「我現在就通知你，你被錄取了。」

很多人都不理解為什麼要找一個剛剛畢業的大學生。經理在工作會議上說：「一開始就被拒絕卻仍堅持參加筆試，說明他有頑強的毅力。即使不能錄取也希望得到別人的評價，證明他有面對不足的勇氣和勇於承擔責任及力求更好的上進心。我們可以接受員工的失誤，卻不能接受員工滿足現狀止步不前。我們需要員工和企業共同前進。」

透過這個小故事我們知道，年輕人被僱用的原因。一個企業可以接受一個經驗不足的年輕人，卻不能接受一個不具備有上進精神的人，經驗不足可以在今後的工作中，學習累積，而不求上進卻是企業和員工最大的致命傷，它可以使一個發展良好的企業最終癱瘓。因為進取心是任何企業發展的根本推動力，沒有進取，就不可能進步，企業就不可能發展，社會也不可能前進。而沒有進取心對個人而言亦是如此，一個沒有進取心的人，是不可能改變任何令他頭痛的生活現狀的，是不可能走出生活中的挫折，是不可能為自己和家人創造美好的前景和生活，也因為停止不前，他最終將會被社會淘汰，被生活淘汰。這便是不進則退的道理。

在競爭激烈的現代社會裡，進取是企業對每個員工的要求，是社會對每個人的要求，能夠突破現狀，不斷進取也是事業成功的必備條件，是時代的要求也是個人前進的動力。人總是有惰性的，但歷史是無情的，社會是無情的，它遵循著物競天擇的法則，它不會因個人或其他因素而停止不前，因此看清局勢，了解現狀，努力改變才是生活不變的法則，才是取得成功的先決條件。荀子說：「不積跬步，無以致千里；不積小流，無以成江海。」「厚積」方能「薄發」。也就是說，不斷地匯積細小的流水，你才能成為大海。不斷地前進你才能行走千里。

1930 年代，在英國一個不出名的小城鎮裡，有一個叫瑪格麗特的小姑娘，自小就受到嚴格的家庭教育。父親經常向她灌輸這樣的觀點：「無論做什麼事情都要一流，永遠比別人好，而不能落後於人，不斷地進取，即使坐在公車裡，也要永遠坐在前排。」父親從來不允許她說「我不能」或者「太困難了」之類的話。

對年幼的孩子來說，他的要求可能太高了，但他的教育在以後的年代裡證明是非常寶貴的。正是因為從小就受到父親的「殘酷」教育，才培養了瑪格麗特積極向上的決心和信心。從此之後，無論是學習、生活或工作中，她時時牢記父親的教導，總是抱著勇往直前的精神和必勝的信念，盡自己最大努力克服一切困難，做好每一件事情，事事必爭一流，以自己的行動實踐著「永遠坐在前排」。

有一個例子就是，瑪格麗特在上大學時，入學考試科目中要求學五年拉丁文課程，她憑著自己頑強的毅力和精神，在一年內全部學完了，並且令人難以置信的是，她的考試成績竟然名列前茅。其實，瑪格麗特不光是學業上出類拔萃，她在體育、唱歌、演講及學校其他活動方面也都一直走在前列，是學生中鳳毛麟角的佼佼者之一。當年她所在學校的校長評價她說：「她無疑是我們建校以來最優秀的學生，她總是雄心勃勃，每件事情都做得很出色。」

正因為如此，40 多年以後，英國乃至整個歐洲政壇上才出現了一顆耀眼的明星，她就是連續四次當選保守黨領袖，並於 1979 年成為英國第一位女首相，雄踞世界政壇 11 年之久，世界政壇譽為「鐵娘子」的瑪格麗特·柴契爾夫人。

「永遠都坐前排」是一種積極的人生態度，它要求你要不斷地進取，不斷地努力，它激勵你為實現人生目標而不懈努力。在這個世界上，不可能人人都坐前排，但是如果你想坐前排，並且努力把這種願望化作行動，那麼你的人生就會是另一種景象了，特別是對正在努力打拚的年輕人來說具有積極的意義。如同寄居蟹找到殼後，還應該努力地生活一樣，活出精采來。

堅持不懈地進取是我們改變命運的有力武器，是我們創造生活的根本動力。也許我們很普通沒有「功成名就」的偉大創舉，但我們一樣可以不斷地進取，不停地努力，在原有的基礎上創造更加優越的環境，更加理想的生活，獲得自己寶貴的人生經驗。取得屬於自己的成績，創造屬於自己的價值。失去追求的人生是空虛的，缺乏朝氣的人生是貧窮的，生命的甜美便是在這不斷地進取裡獲得。

3. 建立夢工場，讓美好遠景引導你

據說海水裡蘊藏著無窮無盡的能量，從海水中提取能量的方式，叫做核融合。但核融合目前只能以瞬間爆炸的方式發生，而不能控制、儲存、運輸而為人類所用。而一旦可以控制核融合，每一滴海水，就會變成一個太陽。人類遠古的夢想就能實現，文明就能夠永續。

人生也積蓄著無窮無盡的能量。人可以淪落為流浪漢，也能成為拿破崙；人可以成為精神病，也能變成貝多芬；人可以在談不成戀愛臨淵羨魚，也可以退而結網。就像每一滴海水，每一個人，都蘊藏著巨大的驚天動地的能量。關鍵是，你如何引爆你人生的潛能、並以可控制的方式儲存、運輸、釋放、燃燒！這就是人生可操控核融合的概念和研究這個概念的意義。掌握了人生可控的核融合技術，每個普通人都能成為偉大的光源，照亮他自己和他人的世界。

說得庸俗一點：當同學們平均薪資都在 25,000 時，透過人生設計，你的薪資達到 50,000 塊；當同輩人平均薪資都是 50,000 時，你的薪資超過十萬大關。不要小看了這個「一倍」—— 你已經整整比別人領先十年了！生命的能量，以提前十年的速度在釋放，不是人生核融合是什麼？

所以，「可控人生核融合」，就是運用人生設計的思想，透過教育—經驗—教育的良性循環，充分開發自己的潛能，使個人價值最大化。讓自己的生命從冰涼的海水，變成熾熱的火焰，從欲望的奴隸，上升為生命的主人。

毫無疑問，那些實現了可控人生核融合、以萬人之上的收入在做著貢獻萬人的工作的人，是傑出的。這樣的人，為人類貢獻的服務或產品、理論或精神，往往會引發更高能量的核融合 —— 這就是文明的偉大引力和動力所在。小小薪資收入，只不過是引爆原子彈的黃色炸藥，激發核融合的高伏電極而已啊！

一個人沒有目標，就會不思進取，進而也無法成功。為自己樹立一個目標，然後向著目標前進，這就是成功的祕訣。

目標對於一個人來說是至關重要的，可以說，有什麼樣的目標，就會有什麼樣的人生。沒有目標，人生通常也就失去了意義，有清晰且長期的目標，並且一直在努力，才會有一個成功的人生。

哈佛大學有一個非常著名的關於目標對人生影響的追蹤調查。對象是一群智力、學歷、環境等條件差不多的年輕人，調查結果發現：27% 的人沒有目標、60% 的人目標模糊、10% 的人有清晰但比較短的目標、3% 的人有清晰且長期的目標。

25 年的追蹤研究結果，他們的生活狀況及分布現象十分有意思。

那些占 3% 有清晰且長期目標者，25 年來幾乎都不曾更改過自己的人生目標。25 年來他們都朝著同一方向不懈地努力，25 年後，他們幾乎都成了社會各界的頂尖成功人士，他們中不乏白手創業者、行業領袖、社會菁英。

那些占 10% 有清晰短期目標者，大都生活在社會的中上層。他們的共同特點是，那些短期目標不斷被達到，生活狀態穩步上升，成為各行各業的不可缺的專業人士。如醫生、律師、工程師、高階主管等等。

其中占 60% 的模糊目標者，幾乎都生活在社會的中下層面，他們能安穩地生活，但都沒有什麼特別的成就。

剩下 27% 的是那些 25 年來都沒有目標的人群，他們幾乎都生活在社會的最底層。他們的生活都過得不如意，常常失業，靠社會救濟，並且常常都在抱怨他人，抱怨社會，抱怨世界。

你有目的或目標嗎？你一定要樹立個目標，因為就像你無法從你從來沒有去過的地方返回一樣，沒有目的地，你就永遠無法到達。一個人沒有目標，就像一艘輪船沒有舵一樣，只能隨波逐流，無法掌握，最終擱淺在絕望、失敗、消沉的海灘上。你只有確實地、精細地、明確地樹立起目標，你才會意識到你體內所潛藏的巨大能力。

法國著名的自然學家法布爾（Jean-Henri Casimir Fabre），用一些被稱作「宗教遊行」的毛毛蟲做了一次不同尋常的實驗。這些毛毛蟲喜歡盲目地追隨著前面那隻，所以有這個名字。

法布爾很仔細地將牠們在一個花盆外的框架上排成一圈，這樣，領頭的毛毛蟲實際上就碰到了最後一隻毛毛蟲，形成了一個圓圈。在花盆中間，他放上松蠟，這是這種毛毛蟲愛吃的食物。

這些毛毛蟲開始圍繞著花盆轉圈。牠們轉了一圈又一圈，一小時又一小時，一天又一天，一晚又一晚。牠們圍繞著花盆轉了整整七天七夜。最後，牠們全都因飢餓勞累而死。

一大堆食物就在離牠們不到 6 英寸的地方，牠們卻一個個的餓死了。原因無他，只是因為牠們按照以往習慣的方式去盲目地行動。

許多人都犯了同樣的錯誤，對生活提供的巨大財富，只能收穫到一點點。儘管未知的財富就近在眼前，他們卻得之甚少，因為他們沒有目標，只能盲目地、毫不懷疑地跟著圓圈裡的人群無目的地走著。

樹立目標的好處就是，它有一股不可思議的力量激發你的潛能，會釋放你的積極心態。它會釋放精力及創造力來協助你達成目標。明確的目標能夠集中你的注意力及精力。目標讓你清楚地看到未來，它給你勇氣去開始並堅持到最後。

有了清楚寫下來的目標，你就能夠在一兩年之內完成一般人需要十年甚至二十年才可能達到的成就。

目標也有其他的效果。它能讓你的生活與其他的精神法則和諧相處。

目標能夠讓你應用因果法則而得到最大的利益。你的目標就是你所渴望結果的定義，而且，當你明確了解這些效果的時候，你就能輕而易舉地去探索你能應用並達成目標的因素。

目標讓你能夠控制自己的生活。利用目標可以控制變化的方向。目標可以幫助你做更好的決定及選擇。目標讓你能夠更明確地分配時間和資源。當你完全了解自己想要的東西時，你就會更冷靜且有信心去處理所有的事情。

目標會加深必勝的把握。當你可以把目標具體而清楚地寫下來時，你就克服了心理的懷疑及恐懼。你開始相信自己可以達成目標。當信心增長的時候，你更會去做那些有助於達成目標的相關事情。

你越是記得你的目標，就越加強了心理的動力。你會送出思想電波來吸引更多的機會和事件，來助你美夢成真。你越是牢記目標，越去思考如何達成目標，越去想像達成目標之後的那種快樂，你外在世界的成就就更會呼應你的內在世界。

你朝目標邁進的每一步都會增加你的快樂、熱忱與自信。每天依據目標工作，你就會逐漸在心中激發你相信每件事都會成功的絕對信心。每天的進步能讓你去除恐懼，踐踏懷疑。你會從積極的思考進展為積極的領悟，沒有一件事情可以阻擋你。

要達到目標，就要向著目標前進，就像上樓一樣，不用梯子，一樓到十樓是很難爬上去的，相反爬得越高摔得越狠，必須是一步一個臺階的走上去。就像下面的山田本一一樣將大目標分解為多個易於達到的小目標，一步步腳踏實地，每前進一步，達到一個小目標，使他體驗了「成功的感覺」，而這種「感覺」將強化了他的自信心，並將推動他穩步發展潛能去達到下一個目標。

1984 年，在東京國際馬拉松邀請賽中，名不見經傳的日本選手山田本一出人意料奪得了世界冠軍。當記者問他憑什麼取得如此驚人的成績時，他說了這麼一句話：「憑智慧戰勝對手。」當然，不少人都認為這個偶然跑到前面的矮子選手是在「故弄玄虛」。

10 年以後，這個謎底終於被解開了。他在他的自傳中是這麼寫的：「每次比賽之前，我都要乘車把比賽的路線仔細看一遍，並把沿途比較醒目的標誌畫下來。比如第一個標誌是銀行、第二個標誌是一棵大樹、第三個標誌是一棟紅房子……這樣一直畫到賽程的終點。比賽開始後，我就以跑百米的速度，奮力地向第一個目標衝去，過第一個目標後，我又以同樣的速度向第二個目標衝去。起初，我不懂這樣的道理，常常把我的目標定在 40 公里外的終點那面旗幟上，結果我跑到十幾公里時就疲憊不堪了。我被前面那段遙遠的路程給嚇倒了。」

大成功是由小目標所累積，每一個成功的人都是在達成無數的小目標之後，才實現他們偉大的夢想。不放棄，就一定有成功的機會，如果放棄，就已經失敗了。不怕艱苦，不懈努力，迎接自己的便將是成功。

如果你想到達成功的彼岸，請記住第 21 個忠告：樹立目標，向著目標前進。

4. 建立正確的「思」「行」觀

《孟子·梁惠王章句》上有這樣一段故事：

有一天，孟子來到齊國，見到了國君齊宣王。

孟子對齊宣王說：「有人說，我的力氣能舉起3,000斤的東西，卻拿不動一根羽毛；我的眼睛能夠看清楚鳥羽末端新長出的絨毛，卻看不到一大車木柴，大王相信嗎？」

「不相信。」齊宣王說。

「拿不動羽毛，是因為完全沒有用力；看不到大車木柴，是因為閉上眼不去看。不是不能做，而是不去做。」

「不去做和不能做有什麼區別呢？」齊宣王問。

「抱起泰山，去跳躍北海，那是不能做；坡上遇到老人走路不便而不願折枝給他當拐杖，那就是不去做。」

凡事欲則立，不欲則廢。所謂的欲就是思想、想法，是做的前提條件。不想，何以談做，既是做了也是盲目。一個人，其思想、想法必然反映在行動上，所以說，「想」是至關重要的。

歷史人物孔子是善想的代表，他帶三千弟子到處遊學，創造了許多思想，以至於後人有「天不生仲尼，萬古如長夜」的說法；諸葛亮也是善想的代表、智慧的化身，他只不過是一個手拿羽扇的人，但其作用，可敵百萬雄兵；馬克思是外國人，是一個窮光蛋，無產者，可其《資本論》、《哲學》、《政治經濟學》和《科學社會主義》的理論傳遍了世界，傾倒了世界，並引導、演化了一場場轟轟烈烈的無產階級革命。

當然，想有許多方面，也不一定每人都去做想的事，創造思想和學說，畢竟只是有少部分人，能有思想突出的地方。就絕大多數人而言，堅定地相信，確定是真理就行，確定是對的就行，剩下的就是去做，去當一個實踐者，去當一個實做家。

拿來主義，不是照抄照搬，不是呆板硬套，而要結合實際，有一定的取捨，其實這裡還是有一個想的過程，有一個思辯的過程。因為許多思想、主義、學說的產生有其特定的歷史條件，有局限性，環境變了，其思想、主義、學說只能適用合理的部分，不合理的部分應捨去才是。因為理論、學說是動態的過程，是不斷發展變化的。只有不斷取捨，才能接近真理，真理是不變的。至於人們常說的，真理也是發展，是不斷變化的，只能說，你發現的還不是真理，只是接近了真理的東西。發展變化的只能是理論、思想、學說而已（關於對真理的認知，廣泛接受批評和商榷）。

從古到今，許多人善想、敢想，所以成了思想家、理論家，其思想閃耀著智慧的光芒，引領著許多後人去照著行動，啟發著許多後人，去再思考。其人可以什麼都不做，只要想有突出的地方，其貢獻就不可估量。有一些人既善想，也善做，所以成就了一批王、侯、將、相、英雄豪傑。這些人也許想的不深，達不到思想家、理論家的境界，但其大膽或是細膩的做法，小則改變了一個局面，大則會改變一段歷史，其貢獻，其作用也是難以猜想的。

取得成功的唯一途徑就是「立刻行動」，努力工作，並且對自己的目標深信不疑。世上並沒有什麼神奇的魔法可以將你一舉推上成功之路，你必須有理想和信心，遇到艱難險阻必須設法克服它。

一旦你堅定了信念，就要在接下來的 24 小時裡趕緊行動起來。這會使你前行的車輪運轉起來，並創造你所需要的動力。一位演講家曾經說過，說空話只能導致你的一事無成，要養成行動大於言論的習慣，那麼即使是很艱難、很巨大的目標也能夠實現。

如果你不想成為一個空想家，更不想一事無成，請記住第 1 個忠告：100 次心動不如一次行動。

5. 實現理想才是最重要的

問世上什麼距離最大，不是天與地的距離，而是人的想與做的距離。人想做一件事，和他實際去做這件事的距離最大！很多人都是光說不做。每個人都有許多想法，「想」是一個人的智慧種子，「做」才是果實。世上播種想法的人不少，用做去收穫果實的人不多。

凡事欲則立，不欲則廢。所謂的欲就是思想、想法，是做的前提條件。不想，何以談做，即使做了也是盲目。一個人，其思想、想法必然反映在行動上，所以說，想是至關重要的，但現在看，似乎是「想」得太多了，而「做」得卻太少。

我們必須謹記：實現理想才是最重要的！

今天的我們要抓住歷史契機，要想與做結合，勇於接受新思想，自己也要敢想、善想，敢做會做，要解放思想，與時俱進，真抓實做，做一個夢想的實踐者，賦予「想」和「做」全新的內容才是真正的英雄。

一名有名氣的年輕滑雪運動員吉爾，積極地為參加奧運預賽做準備，大家都認為她一定能成功。她當時的生活目標就是得奧運金牌。然而，1955 年一場悲劇使她的願望成了泡影。在奧運預賽最後一輪比賽中，吉爾沿著大雪覆蓋的山坡開始下滑，沒料到，這天的雪道特別滑，剛過幾秒鐘，便發生了一次意想不到的事故。她先是身子一歪，而後就失去了控制，像匹脫韁的野馬，直往下衝。她竭力掙扎著想擺正姿勢，可無濟於事，一個個筋斗把她無情地推下山坡。在場的人都睜大著眼緊張地注視著這一幕，心臟幾乎快要跳出來。

當她停下來時已昏迷了過去。人們立即把她送往醫院搶救，雖然最終保住了性命，但她雙肩以下的身體卻永久癱瘓了。

吉爾意識到活著的人只有兩種選擇：要麼奮發向上，要麼灰心喪氣。她下定決心奮發向上，因為她對自己的能力仍然堅信不疑。她千方百計使自己從失望的痛苦中擺脫出來，去從事一項有益於公眾的事業，建立自己新的生活。幾年來，她整日和醫院、手術室、物理治療和輪椅打交道，病情時好時壞，但她從未放棄過追求有意義的生活。

歷盡艱難，吉爾學會了寫字、打字、操縱輪椅、用特製湯匙進食。

她在加州大學洛杉磯分校選了幾門課程，決心當一名教師。想當教師，這可真有點不可思議，因為她既不會走路，又沒受過教師訓練。她向教育學院提出申請，但系主任、學校顧問和醫生都認為她不適宜當教師。錄取教師的標準之一是要能上下樓梯走到教室，可她做不到。

此時，吉爾的信念就是要成為一名教師，任何困難都不能動搖她的決心。

1963 年，她終於被華盛頓大學教育學院僱用。由於教學有方，很快受到了學生們的尊敬和愛戴。她對那些學習不感興趣、上課心不在焉的學生也很有辦法。她向年輕教師傳授經驗說：「這些學生也有感興趣的東西，只不過和大多數人的不一樣罷了。」

吉爾終於獲得了教授聘書。她熱愛自己的工作，學生們也喜歡她，師生間互相幫助、互相進步。

後來，她父親去世了，全家不得不搬到曾拒絕她當教師的加州去。

她向洛杉磯學校提出申請，可他們聽說她是個「瘸子」就馬上拒絕了。吉爾是一個下定決心就不會輕易放棄的人，她打算向洛杉磯地區的 90 個教學區逐一申請。在申請到第 18 所學校時，已有 3 所學校表示願意僱用她。學校對她要走的一些坡道進行了改造，適合她的輪椅通行，這樣，從家裡坐輪椅到學校教書就沒問題了。另外，學校還廢除了教師一定要站著授課的規定。

從此以後，吉爾一直從事教師職業。暑假裡她訪問了印第安人的居民區，給那裡的孩子補課。

從 1955 年到現在，很多年過去了，吉爾從未得過奧運的金牌，但她的確得了一塊金牌，那是為了表彰她的教學成績而授予她的。

是什麼讓吉爾獲得成功的？是堅定不移的決心。在常人無法接受的殘酷現實中，吉爾用決心支撐自己一步步走向成功。

「一定要記住，成功的決心比任何其他事情都重要。」美國第 16 任總統亞伯拉罕 · 林肯這樣告訴我們。這位出生在肯塔基州一個貧苦的農民家庭的孩子，自幼從事體力勞動，成年後當過農夫、船夫、商店店員。林肯用身世證明了自己的話，證明了決心對一個人的成功有著舉足輕重的作用。

第二章
生活是由你的心靈決定和塑造的

烏托邦主義者是迷了路的詩人。

—— 威廉·雷夫

人生有涯，事業無涯，要想成功，立即成功。

在追求成功的路上，我們不僅有積極的心態、周密的計畫、科學的方法，還要有切實的行動。因為只有行動才能把美麗的夢想、遠大的目標，變成現實的輝煌，所以腳踏實地的行動，才是達到成功彼岸最大的原動力。

1. 成大事者必先立大志

一個人的成功，有時純屬偶然，可是，誰又敢說，那不是一種必然呢？

成功的猶太人常常說，一個人一生只要做好一件事情就可以了。要專心把一件事做好。由於人的時間、精力、腦力有限，所以當你在一生或一段時間內選擇一兩個目標時，就應該在這方面投入你所有的時間、精力、腦力。社會上有一些專家或專才，他們連一般的生活常識也不清楚，但他們在某一個方面卻有很深的造詣。這就是因為他節約了其他付出的時間，集中精力專心做一兩件事，他們在這一兩個方面付出了很多的時間和精力，所以成功了，在這方面有了比人家更多的回報，這也是一種捷徑。當你在談論與他無關的話題的時候，他的臉上不會有絲毫的反應，也不會接一句話，好像根本沒有聽見，這種人很知道節約時間、精力和腦力，盡量不與別人討論一些毫無意義的事情，這種人能夠成就一番事業。所以最好的方法就是在一階段專心做一件事，其他不重要的事情放一放，完成以後再設定一個新目標。

人腦的腦細胞不少於 140 億個，即使是成功的猶太人也是這樣，他們大腦潛力的開發還不足 10%。可見，一個人一生做好一件事不是太難，關鍵是看能不能堅持到底。有的人不計長遠，只圖眼前，風來隨風，雨來隨雨，今天做這，明天做那，見到什麼就想做什麼，什麼都想湊湊熱鬧。結果，常常到頭來只落得兩手空空，一事無成。

一生只追求做好一件事情，是做人的一種方式，一種風格，或者說，是一種活法。讓我們找好自己的人生座標，堅持不懈地做好自己能夠做好的一件事。這輩子也就沒白活了。

我們常人也一樣，貴在勤奮，貴在堅持，只要牢牢把握住自己的人生大目標，踏踏實實，一步一腳印走下去，就可能取得偉大的成功。

有一位年輕的猶太人住在以色列的一個小鎮上，他是一名公司的保全，也許是因為工作太清閒，為了讓生活過得充實，他經常看些歷史方面的書籍，作為自己的業餘愛好。就這樣，他當了 60 多年的保全，也看了 60 多年的歷史書籍。皇天不負苦心人，經過這麼多年的努力，他在歷史學方面有了很深的造詣。此後，他聲名遠播，只有國中學歷的他，被授予院士頭銜，成為了世界上著名的歷史學家。

這位猶太人成功的例子告訴人們：一生做好一件事。宇宙無限，人生有限，每個人都應該把有限的精力、有限的時間集中起來，做一件應該做、可能做好的事情。目標確定以後，必須把自己的全部心力、體力凝聚起來，心無旁鶩，堅守初衷，直到成功。

美國總統柯林頓，17 歲的時候以第一名畢業，得到美國白宮青年獎章，到白宮去看了美國總統甘迺迪。回到家之後，他馬上在他家附近的書店，買了兩張畫像，一張白宮的畫像，一張美國國會的畫像，回去貼在自己的房間，還寫下了自己一生的成功誓言說：「我柯林頓今年 17 歲，我發誓這一生一定要成為美國的總統，來服務美國的民眾，住進白宮。要做總統，我要先當選國會議員，然後培養全國的知名度，我才有能力去當總統。」

柯林頓果然堅定地執行這個目標，當他從法學院畢業時，返回了阿肯色州，在阿肯色大學教法律。他把自己的目標集中在競選公職上。1974 年，他第一次有機會競選國會議員。雖然他失敗了，但他從中學到了許多從政的東西。

1976 年，柯林頓作為民主黨黨員被選為阿肯色州的檢察長。兩年後，在他 33 歲之際，他成為美國最年輕的州長。身為阿肯色州的州長，柯林頓致力於改善州的教育制度和建築更好的公路。然而 1980 年，在一次勢均力敵的選舉中，柯林頓競選第二屆州長時敗給了共和黨的法蘭克·懷特（Frank Durward White）。

他沒有達到預期目標，於是身為下屆州長選舉的民主黨候選人，他到處奔波，足跡遍及阿肯色州。他使選民相信，他所講得正是他們所需要的。1982 年 11 月，他重新當選。

1991 年秋天，柯林頓相信，美國需要一個有新觀念和新計畫的人，他決定競選總統。他堅信他的經驗和思想能夠使國家變得更加美好。他想加強衛生保健制度，改善學校體制，而最重要的是，促進經濟的發展和創造新的就業機會。他帶著他的想法挨家挨戶地宣傳，在小鎮的集會上和人們一個一個交談。他出現在各種廣播和電視中，向人們宣傳他的主張。

經過漫長的初選過程，柯林頓被提名為民主黨總統候選人。他挑選田納西州的參議員高爾（Albert Arnold Gore Jr.）作為副總統。他們一起搭公車和選民們見面，傾聽他們所關心的事情和對未來的希望。他們競選的口號是「人民第一」——維護美國的夢想，重建中產階級的希望，開拓下一代的未來。

1992 年 11 月 3 日，當大選的日子到來時，選民的投票率創下了 1970 年代以來的最高紀錄。比爾·柯林頓當選為美國的第 42 屆總統，高爾當選為第 45 屆副總統。四年後，比爾·柯林頓和高爾再次當選，開始第二個四年的任期。

有的人做事情，總喜歡找一些祕訣，似乎祕訣可以幫助他成功。但是生活告訴我們，沒有什麼祕訣，生活對每個人都是公平的，付出越多，收穫就越大。成功必是經過艱苦的努力，在吸取一次次失敗的教訓後才取得的。

科林·鮑爾（Colin Luther Powell）曾說過：「成功沒有祕訣。它是準備、努力工作和吸取失敗教訓的結果。」

如果你想找祕訣，那麼你就從科林·鮑爾的話開始做起。準備、努力工作和吸取失敗教訓，它可以促使我們獲得成功。李斯的成功就很好地說明了這一點。

李斯出生在邁阿密附近的一個窮苦之家，他和他的雙胞胎兄弟被廚房女工瑪米收養了。因為李斯很好動，說話口齒不清但又說個不停，因此從小學到中學，李斯就被編到專為有學習障礙學生所設的特教班，畢業後，他就在邁阿密海灘擔任清潔工，但他卻夢想成為電臺主持人。

晚上，李斯會把收音機抱上床，收聽當地廣播節目。他的房間很小，塑膠地板也殘破不堪，但他卻在裡面創造了一個想像的電臺，當他練習把唱片介紹給假想的聽眾時，梳子就被用來當作麥克風。

李斯的養母和兄弟聽得到從薄薄的牆壁那端傳來的聲音，他們會對李斯大吼，叫他停止去睡覺。但李斯根本不理他們，他沉醉在自己的世界裡編織夢想。

有一天，李斯在市區除草，利用午餐休息時間大膽地走到當地的電臺。他走進電臺經理的辦公室，告訴經理他想成為音樂節目的主持人。

這個經理上下打量這個頭戴斗笠、衣衫襤褸的年輕人，問道：「你有廣播的背景嗎？」

李斯回答說：「沒有。先生，我沒有。」

「那麼，孩子，恐怕我們沒有適合你的工作。」

李斯很有禮貌地向他道謝，然後離開了。這個電臺的經理以為他再也不會看到這個年輕人了，但他低估了李斯對理想的堅定執著。因為李斯不只想當電臺主持人，他有其他更高的目標，他要為深愛的養母買一棟好一點的房子，電臺音樂節目播音員的工作不過是邁向這個目標的一個步驟而已。

瑪米支持李斯去追尋他的夢想，所以李斯覺得不管電臺經理說什麼，他一定會在那個電臺找到一份工作。

因此，整整一週，李斯每天都去電臺詢問是否有任何工作機會，最後電臺經理投降了，只好僱李斯當學徒，但沒有薪水。剛開始時，李斯幫不能離開錄音室的播音員拿咖啡或午、晚餐，最後李斯的工作熱誠贏得了播音員們的信任，讓李斯開他們的凱迪拉克去接來訪的客人，像誘惑合唱團、黛安娜·羅絲（Diana Ernestine Earle Ross）及至上女聲組合（The Supremes），他們沒人知道年輕的李斯並沒有駕照。

在電臺裡，人家叫李斯做什麼，他就做什麼，甚至他還做得更多。和播音員混在一起時，李斯就學他們在控制板上的手勢，李斯待在控制室裡盡可能地吸收他所能吸收的，直到播音員要他離開。然後晚上在自己的臥室裡，他就反覆練習，為他深信會出現的機會做萬全的準備。

一個週末下午，李斯待在電臺裡，一個叫洛可的播音員一邊喝酒，一邊現場播音。除了李斯和洛可外，大樓裡沒有其他人，李斯明白洛可一定會喝出問題。他密切注意著，而且在洛可的錄音室前來回踱步，窺看裡面的情形，並喃喃自語：「喝啊！洛可，盡量喝！」

李斯很盼望這個機會，而且他也準備好了！如果洛可有要求的話，李斯也會衝到街上為他買更多酒讓他狂飲。電話鈴聲響起時，李斯撲過去接，正如所料，是電臺經理打來的。

「李斯，我是克萊恩先生。」

「我知道。」李斯說。

「李斯，我想洛可無法播完他的節目了。」

「是啊，我想也是。」

「你可以打電話給其他的播音員，讓其中一個過來接手嗎？」

「可以，經理，我一定會的。」

但當李斯掛了電話後，他對自己說：「現在，經理一定以為我瘋了！」

李斯的確打了電話，但他不是打給另一個播音員，他先打給他媽媽，然後打給他女朋友。他說：「你們全部都到外面的走廊，然後開啟收音機，因為我就要上現場直播節目了！」

他等了約 15 分鐘才打電話給經理，李斯說：「克萊恩先生，我找不到任何人。」

然後，克萊恩先生就問：「你知道如何操作錄音室的控制裝置嗎？」

說著李斯飛奔進錄音室，輕輕地把洛可移到旁邊，然後就坐在播音臺前，他已經準備好了，而且躍躍欲試。開啟麥克風的開關，他說道：「聽著，在下小名 —— 李斯·布朗，您的音樂播放大聖，我前無古人，後無來者，我是天下獨一，舉世無雙，年紀尚輕，愛和大家混在一起，我領有註冊商標、貨真價實，絕對有能力讓你滿足，讓你動感十足，聽著，寶貝，我就是你要的人！」

這次的表現顯示李斯已經到了爐火純青的境界，他讓聽眾和他的經理刮目相看。從這次命中注定的好運開始，李斯就相繼在廣播、政治、公共演說及電視方面締造了成功的生涯。

李斯的經歷告訴我們，沒有誰會是天生的成功者，成功首先就意味著付出，意味著在困難面前絕不低頭。

2. 掙脫思想包袱無謂束縛

這種不滿意源於自己的主觀，在自己的現實與意願之間有一種超越的可能性的問題，或許自己的意願總是超越得太遠太快，而現實還遠遠的停留在童年的階段。

達到生活與意志的同步是一個簡單的問題，只要停止思索就可以，完全地沉入感覺，在不可知的未來與表象中生存。

可是這並不是我們可以接受和習慣的結局。在我們的慣性思維中我們已經沉積了千萬年的時空，在改變尚未出現之前，人們只有遵守慣性的法則。那麼自己的超越需要等待一種力量的爆發和外界的突變，而這並不會由自己的主觀而定。那麼最後一切的超越止於空想，止於可能性的問題。這樣我們解決矛盾的爭端淪為了一種笑談，超越是可笑的空談，而停止超越又不可實現，我們只有在笑談之中笑談著一種荒誕。

這確實讓人不滿意，我們真的只能滿意和享受著這種不滿意嗎？在思的局限之中夢想著局限之外的生活？在言語的不能之後分辨著真正的神祕和感覺的深入與內沉？

可是除此之外又能如何？強迫生活被自己的主觀所變？

強迫著它追趕自己的主觀？用無數人的代價來實現自己的想像和目標？除了不滿意我們又能實現什麼樣子的滿意呢？

在無限的超越之後，現實必然將會離我們越來越遠，越來越無法實現。而這種追趕如果不是順應某種平衡和自然，而只是強要符合某種意願，那麼割裂的將不只是生活，同時必然還有自己的意願。

在某種平衡的狀態下實現自己的意願，將意味著對自己意願的無限壓制，無限的禁慾，對無數人的禁慾和行為上的禁足不前。或許我們應該明白，自己要等待自然。

1970 年代，在美國加州小鎮有一位名叫法蘭克的年輕人，由於家境貧寒上不起學，他只好去芝加哥尋找出路。在繁華的芝加哥城轉了好幾天，法蘭克也沒找到一處容身之所。當他看到大街上不少人以擦皮鞋為生時，他也買了把鞋刷幫人擦皮鞋。半年後，法蘭克覺得擦皮鞋很辛苦，更重要的是不賺錢。

於是他將擦皮鞋賺來的一點微薄積蓄租了一間小店，邊賣雪糕邊幫別人擦鞋。雪糕生意比擦鞋好多了，歡喜之餘，他在小店附近又開了一家小店，同樣是賣雪糕。誰知雪糕生意一天比一天好，後來他乾脆不擦鞋了，專門賣雪糕，並將父母接到城裡幫他看店，還請了兩個員工。從此法蘭克開始經營雪糕生意。

如今，法蘭克的「天使冰王」雪糕已穩居美國市場的領先地位，擁有全美 70%以上的市占率，在全球 60 多個國家有超過 4,000 多家專賣店。

巧的是，在洛磯山脈附近的比靈斯也有一位年輕人，他叫斯特福，他跟法蘭克幾乎是同時到達芝加哥。斯特福的父親是位富有的農場主，農場主送自己的兒子上了大學，還讀了研究所，他希望自己的兒子能成為一位大商人。就在法蘭克拿著刷子在大街上給別人擦鞋的時候，斯特福正住在芝加哥最豪華的酒店裡進行自己的市場調查。耗資數十萬，經過一年多時間的周密調查和精確分析，斯特福得出的結果是：賣雪糕。而法蘭克此時已經擁有了數家雪糕專賣店。

當斯特福將自己調查的結果告訴父親時，農場主氣得差點暈倒，他怎麼也想不到，他的兒子眼光居然淺薄到了賣雪糕的程度。斯特福經過再次對市場精確的調查研究後，還是覺得只有賣雪糕才是最好的生意。又過了一年，斯特福終於說服了自己的父親，準備打造雪糕連鎖店。此時法蘭克的雪糕店已經遍布全美。最終，斯特福無功而返。世界上沒有哪個成功是透過周密的計畫得來的，而是一步一步透過實踐得來的。

3. 空想只會使人一事無成

兩個旅行中的天使到一個富有的家庭借宿。這家人對他們並不友好，並且拒絕讓他們在舒適的客人臥室過夜，而是在冰冷的地下室替他們找了一個角落。當他們鋪床時，較老的天使發現牆上有一個洞，就順手把它修補好了。年輕的天使問為什麼，老天使答道：「有些事並不像它看上去那樣。」

第二晚，兩人又到了一個非常貧窮的農家借宿。主人夫婦倆對他們非常熱情，把僅有的一點點食物拿出來款待客人，然後又讓出自己的床鋪給兩個天使。第二天一早，兩個天使發現農夫和他的妻子在哭泣，他們唯一的生活來源——一頭乳牛死了。年輕的天使非常憤怒，他質問老天使為什麼會這樣，第一個家庭什麼都有，老天使還幫助他們修補牆洞，第二個家庭儘管如此貧窮還是熱情款待客人，而老天使卻沒有阻止乳牛的死亡。

「有些事並不像它看上去那樣。」老天使答道，「當我們在地下室過夜時，我從牆洞看到牆裡面堆滿了金塊。因為主人被貪慾所迷惑，不願意分享他的財富，所以我把牆洞填上了。昨天晚上，死亡之神來召喚農夫的妻子，我讓乳牛代替了她。所以有些事並不像它看上去那樣。」

有些時候事情的表面並不是它實際應該的樣子。如果你有信念，你只需要堅信付出總會得到回報。你可能不會發現，直到後來……

假事物可能迷惑你的耳目，但絕不能讓它迷惑你的心靈。堅持真理，崇尚科學，我們才能對世界有真實的認識。

學生們向蘇格拉底請教怎樣才能堅持真理。蘇格拉底用手指捏著一個蘋果，慢慢地從每個同學的座位旁邊走過，一邊走一邊說：「請集中精力，注意聞空氣中的氣味。」

然後，他回到講臺上，把蘋果舉起來左右晃了晃，問：「哪位同學聞到了蘋果的味道？」

有一位學生舉手回答說：「我聞到了，是香味。」

蘇格拉底再次走下講臺，舉著蘋果，慢慢地從每一個學生的座位旁邊走過，邊走邊叮囑：「請同學們務必集中精力，仔細聞一聞空氣中的氣味。」

稍後，蘇格拉底第三次走到學生中，讓每位學生都聞一聞蘋果。這一次，除一位學生外，其他學生都舉起了手。

那位沒舉手的學生左右看了看，慌忙也舉起了手。

蘇格拉底臉上的笑容不見了，他舉起蘋果緩緩地說：「非常遺憾，這是一個假蘋果，什麼味道都沒有。」

如果你缺少成功的條件，不要自暴自棄，而應該去創造條件。成功人士都是這樣做的。如果你想成功，你必須也要這樣做。

成功是需要很多條件的，比如，健全的體魄、聰明的頭腦、堅忍不拔的精神等，但這些條件並不是每個人都具備的。一個成功者，首先就在於，他從不苛求條件，而是竭力創造條件。

鮑比（Jean-Dominique Bauby）是法國的一名記者，在1995 年的時候，他突然心臟病發作，導致四肢癱瘓，而且喪失了說話的能力。被病魔襲擊後的鮑比躺在醫院的病床上，頭腦清醒，但是全身的器官中，只有左眼還可以活動。可是，他並沒有被病魔打倒，雖然口不能言，手不能寫，他還是決心要把自己在病倒前就開始構思的作品完成並出版。出版商便派了一個筆錄員來做他的助手，每天工作 6 小時，幫他記錄。

鮑比只會眨眼，所以就只有透過眨左眼溝通，一個字母一個字母地背出他的稿子，然後抄錄出來。助手每一次都要按順序把法語的常用字母讀出來，讓鮑比來選擇，如果鮑比眨一次眼，就說明字母是正確的。如果眨兩次，則表示字母不對。

由於鮑比是靠記憶來判斷詞語的，因此有時可能出現錯誤，有時他又要濾去記憶中多餘的詞語。開始時他和助手並不習慣這樣的溝通方式，所以中間也產生不少障礙和問題。剛開始合作時，他們兩個每天用 6 個小時默錄詞語，每天只能錄一頁，後來慢慢加到 3 頁。

幾個月之後，他們經歷艱辛終於完成這部著作。據粗略猜想，為了寫這本書，鮑比共眨了左眼 20 多萬次。這本不平凡的書有 150 頁，已經出版，它的名字叫《潛水鐘與蝴蝶》（*Le Scaphandre et le Papillon*）。

西元 1883 年，富有創造精神的工程師約翰·羅布林（John A. Roebling）雄心勃勃地意欲著手建造一座橫跨曼哈頓和布魯克林的橋。然而橋梁專家卻說這計畫純屬天方夜譚，不如趁早放棄。羅布林的兒子華盛頓（Washington Roebling），是一個很有前途的工程師，也確信這座大橋可以建成。父子倆克服了種種困難，在構思著建橋方案的同時也說服了銀行家們投資該專案。

然而橋開工幾個月，施工現場就發生了災難性的事故。羅布林在事故中不幸身亡，華盛頓的大腦也嚴重受傷。許多人都以為這項工程會因此泡湯，因為只有羅布林父子才知道如何建橋。

儘管華盛頓喪失了活動和說話的能力，但他的思維還像以往一樣敏銳，他決心堅持要把父子倆費了很多心血的大橋建成。一天，他腦中忽然一閃，想出用他唯一能動的一根手指和別人交流。他用那隻手敲擊他妻子的手臂，透過這種密碼方式由妻子把他的設計意圖轉達給仍在建橋的工程師們。整整 13 年，華盛頓就這樣堅持著用一根手指指揮工程，直到雄偉壯觀的布魯克林大橋最終落成。

美國最受愛戴的總統羅斯福 8 歲時，他的身體虛弱到了極點，呆滯的目光，露著驚訝的神色，牙齒暴露唇外，不時地喘息著，學校裡的老師，點他起來讀課文，他便顫巍巍地站起，嘴唇微張，吐音含糊而不連貫，然後頹然坐下，生氣全無。而世界上像他同類的兒童不知有多少，大都是這樣的神經過敏，如果稍受刺激，情緒便受影響，處處恐懼畏縮，不喜交際，顧影自憐，毫無生趣。在別人看來，他沒有任何可以取得成功的條件。但羅斯福並不如此，他雖有天生的缺陷，但他有奮鬥的精神，他抱定必勝的信心，克服他天生的缺陷，去為成功創造條件。

他是怎麼樣克服先天的缺陷並創造成功的條件的呢？羅斯福總統所用的方法是積極的，而不是消極的，他不靜等幸運自至，而努力追求幸運。他毫不氣餒於先天的貧薄，反而利用它做為通往成功的基石。他不怨恨先天的缺陷，更不姑息他身體的虛弱，一味地療養，不單單只從喝藥水、注射，或避居山林，而是遨遊海上，來幫助他恢復健康。他還積極鍛鍊，以達到他的目的，他要和別的健康的孩子一樣，活潑地去騎馬、划船和做劇烈的運動。他用堅毅的態度，對付他畏怯的天性，用忍耐的精神，克服他先天的問題。處處以快樂和藹對待人們，他除去害羞、畏縮和不喜交際的個性。果然在他入大學之前，他獲得很大的成功，他樂於接近人們，是個精神飽滿、體力充沛的青年，他經常在假期中，到洛磯山狩獵巨熊，以及到非洲大陸去襲擊獅子，最終他勝任軍隊的艱苦生活，帶領馬隊，在與西班牙的戰爭中，功績顯赫。

羅斯福總統的成功，不僅是因為他有剛毅的精神，不為先天的缺陷所屈服，更因為他有自知之明，他深知自己的缺陷，並不自認為聰明、勇敢，強健而稍有放任，他知道自己的缺陷，何者可以克服，何者應予利導；他自知虛弱、畏怯可以克服，而語言、態度，必須因勢利導。他學習假嗓音，在演講時運用，雖然齒露於外，還有身軀顫抖等缺陷，達不到演講的技術要求，更沒有洪鐘般的聲音，驚人詞令，但仍是令人信服有力量的演說家之一。

在很多時候，我們看似都缺少成功的條件。缺少成功的條件不要緊，因為條件是可以創造的。如果我們主動去創造了條件，成功就指日可待。

如果你缺少成功的條件，請記住第 17 個忠告：缺少條件就創造條件。

4. 完成夢想也是一種使命

每一個人都有夢想。區別僅僅在於，我們是否有力量去實現夢想，或者說，命運是否透過我們去實現夢想。我相信生活是一部法律，甚至是一部峻法。在宿命般敏感的混沌內心深處，人們期待著所有一切。

1926 年，畢業於東京大學法律系的年輕人進入三菱礦業成為小職員。

當公司新人舉行聯歡會時，他對那些與他同期進入公司的同事說：「我將來一定要成為這家公司的總經理。」

豪言壯語之後，他開始做長遠的計畫。憑其旺盛的鬥志與驚人的體力，數十年如一日，孜孜不倦地工作，後來遠遠超過眾多資深的幹部與同事，在毫無派系背景之下，完全憑藉本人實力，衝破險境，終於在 35 年之後當上總經理。

以三菱財閥的歷史而言，未滿 60 歲就成為直系公司的總經理，可說是史無前例。他的就職的確驚動日本工商界人士，內心無不驚訝，並深感佩服。

無獨有偶，在 1949 年，一個 24 歲的年輕人，充滿自信地走進美國通用汽車公司，應徵會計工作，他只是為了父親曾說過的，通用汽車公司是一家經營良好的公司，並建議他去看一看。

在應試時，他的自信使助理會計檢察官印象十分深刻。當時只有一個空缺，而面試官告訴他，那個職位十分艱苦難當，一個新手可能很難應付得來。但他當時只有一個念頭，即進入通用汽車公司，展現他足以勝任的能力與超人的規畫能力。

當面試官在僱用這位青年輕人之後，曾對他的祕書說過，我剛剛僱用一個想成為通用汽車公司董事長的人。這位青年就是從 1981 年時擔任通用汽車董事長的羅傑·史密斯（Roger Smith）。

羅傑剛進入公司的第一位朋友回憶說：「合作的一個月中，羅傑正經地告訴我，他將來要成為通用的總裁。」

高度的自信，顯示他要永遠朝成功邁進，而這也是他能經由財務階梯登上董事長的法寶。

有了自信，就會奮發圖強；有了自信，就會有百折不撓的努力；有了自信，就會有戰勝疾病的勇氣；有了自信，就會有成功的希望。然而，在現實生活中，有些人由於性格、心理、社會、文化等原因，對自己缺乏信心，並為此而感到痛苦。

幾乎所有缺乏自信的人都有相同的生活模式：他們只看一類的雜誌或電影、從不改變自己的服裝樣式、拒絕聽取不同的意見、總是躲在同一群朋友中間、不玩從未玩過的遊戲、見到陌生人就舉止失措、異性談話會突然臉紅。詛咒自己、勉強維持不美滿的婚姻、死死守住自己牢騷滿腹的工作。缺乏自信的人無一例外地擁有一顆過分誇張的自尊心和虛榮心。他們的生活中尤其需要鮮花、掌聲，但問題在於他們就是得不到。

如果你毫無自信，優柔寡斷，喪失遠大志向，不敢超越環境和自我，那麼你的生活中美好的事物將黯淡無光。越是渴望奇蹟來挽救自己的人，越是不會創造奇蹟，生活中美好的事物向來只和勇於正視現實、迎接挑戰、戰勝危機的人結伴同行。

5. 實現夢想只能靠自己

最能依靠的人是你自己。

不要凡事都依靠別人，在這個世上，最能讓你依靠的人是你自己。在大多數情況下，能拯救你的人，也只能是你自己。

在生命的旅程中，有時候我們難免會陷入各種危機中，而想要擺脫這些危機，不要想依靠別人，要學會靠自己拯救自己。

有一天，某個農夫的一頭驢子，不小心掉進一口枯井裡，農夫絞盡腦汁想辦法救出驢子，但幾個小時過去了，驢子還在井裡痛苦地哀嚎著。最後，這位農夫決定放棄，他想這頭驢子年紀大了，不值得大費周張去把牠救出來，不過無論如何，這口井還是得填起來。

於是農夫便請來左鄰右舍幫忙，一起將井中的驢子埋了，免除牠的痛苦。農夫的鄰居們人手一把鏟子，開始將泥土鏟進枯井中。

當這頭驢子了解到自己的處境時，開始哭得很悽慘。但出人意料的是，一會兒之後這頭驢子就安靜下來了。農夫好奇地探頭並往井底一看，出現在眼前的景象令他大吃一驚：

當鏟進井裡的泥土落在驢子的背部時，驢子的反應令人稱奇 —— 牠將泥上抖落在一旁，然後站到鏟進的泥土堆上面。就這樣，驢子將大家鏟倒在牠身上的泥土全數抖落在井底，然後再站上去。

很快地，這隻驢子便得意地爬出井口，然後在眾人的驚訝的表情中快步地跑開了！

再來看下面的這個故事。

從前，有個小孩上山砍柴，突然遇到老虎襲擊，他嚇壞了，抓起鐮刀就跑。然而，前方已是懸崖！老虎卻向他逼近。為了生存，他決定和老虎決一死戰。就在他轉過身面對張開血盆大口的老虎時，不幸一腳踩空，向懸崖下跌去。千鈞一髮之際，求生的本能使他抓住了半空中的一棵小樹。這樣就能夠生存了嗎？上面是虎視眈眈、飢腸轆轆的老虎，下面是陰森恐怖的深谷，四周到處是懸崖峭壁，即使來人也無法救助。吊在懸崖中的他明白自己的處境後，忍不住絕望地大哭起來。

這時，他一眼瞥見對面山腰上有一個老和尚正經過這裡，便高喊救命。老和尚看了看四周的環境，嘆息了一聲，衝他喊道：「本人沒有辦法呀，看來，只有你自己才能救自己啦！」

他一聽這話，哭得更厲害了：「我這個樣子，怎麼能救自己呢？」

老和尚說：「與其那麼死揪著小樹等著餓死、摔死，不如鬆開你的手，那畢竟還有一線希望呀！記住，你只能靠你自己！」說完，老和尚嘆息著走開了。他又哭了一陣子，還罵老和尚見死不救。天快要黑了，上面的老虎不肯離開。他又餓又累，抓樹的手也感覺越來越沒有力量。怎麼辦？他又想起了老和尚的話，仔細想想，覺得他的話也有道理。是啊，現在只能靠自己了。這麼下去，只能是死路一條，而鬆開手落下去，也許仍然是死路一條，也許就會獲得生存的可能。既然結果都一樣，不如冒險試一試。

於是，他停止了哭喊，艱難地扭過頭，選擇跳躍的方向。他發現萬丈深淵下似乎有一小塊綠色，會是草地嗎？如果是草地就好了，也許跳下去後不會摔死。他告訴自己：「怕是沒有用的，只有冒險試一試，才能獲得生存的希望。」他咬緊牙關，在雙腳用力蹬向峭壁的一剎那鬆開了緊握小樹的手。身體飛快地向下墜落，耳邊有風聲在呼呼作響，他很害怕，但他又告訴自己絕不能閉上眼睛，必須睜大眼睛選擇落腳的地點。奇蹟出現了 —— 他落在了深谷中唯一的一小塊綠地上！

後來，他被鄉親們背回家養傷。兩年以後，他又重新站立了起來。

在這兩個故事中，沒有人能救得了那頭驢子和那個小孩，他們只能靠自己拯救自己。

在林林總總、形形色色的俗語中，有一句話耳熟能詳：「在家靠父母，出門靠朋友」。

誠然，人生在世，總要或多或少地依靠來自自身以外的各種幫助 —— 父母的養育、師長的教誨、朋友的關愛、社會的鼓勵……可以說，人從呱呱墜地那一刻起，就已開始接受他人給予的種種幫助。然而，許多年輕人「在家靠父母，出門靠朋友」的「靠」，已經遠遠超出和大大脫離了一個人需要外部力量幫助這種正常的「靠」，而演變成「唯父母和朋友是靠」的依賴心理，把自己立身於社會的希望完全寄託在父母和朋友的身上。

信奉「在家靠父母」的人，往往是那些生活上不能自理而飯來張口、衣來伸手，或者事業上不能自立而離不開父母權利、地位和金錢支撐的年輕人。這樣的年輕人，顯然不可能在生活上自立自強、在事業上有所作為。這裡，必須重溫一下小仲馬的故事。

小仲馬寫作之初，寄出的稿件石沉大海，父親大仲馬對他說：「你寄稿時給編輯先生附上一封信，說我是大仲馬的兒子。也許情況就會好多了。」可小仲馬不但堅決拒絕以父親的盛名做自己事業的敲門磚，而且不露聲色地給自己取了十幾個筆名，以免編輯把他和父親連繫起來。經過堅忍不拔的努力，他終於取得了成功 —— 長篇小說《茶花女》一鳴驚人，成為傳世之作。可以想像，假如小仲馬當年依靠父親的名氣從事創作，或許能發表一些作品，卻斷然不會創作出如此不朽之作。

鄭板橋曾經說過，滴自己的汗，吃自己的飯。自己的事，自己幹。靠天靠地靠祖上，不算是好漢。

不要總是依賴別人，把一切希望都寄託在別人身上，而要依靠自己解決問題，因為每個人也有許多事要做，他只可能最大限度地幫助我們，別人只可能幫一時卻幫不了一世。所以，靠人不如靠自己，最能依靠的人只能是你自己。

如果你想擺脫危機並有所成就，請記住第 14 個忠告：最能依靠的人是你自己。

魏特利有幸在年少時，便學會了自立自強。他父親在二次大戰時身在國外，當他九歲時，在聖地牙哥住家附近，有一個陸軍制空砲兵團，駐紮的士兵和他成了好友，彼此消磨無聊的閒暇時間。他們會送魏特利一些軍中紀念品，像陸軍偽裝鋼盔、槍帶及軍用水壺，魏特利則以糖果、雜誌或邀請他們來家中吃飯作為回贈。

魏特利永難忘懷那一天，他回憶道：

「那天我的一位士兵朋友說：『星期天上午五點，我帶你到船上釣魚。』我雀躍不已，高興地回答：『哇哈！我好想去。我甚至從未靠近過一艘船，總是在橋上、防波堤上或岩石上垂釣。眼看著一艘艘船開往海中，真令人羨慕！我總是夢想，有一天我能在船上釣魚。噢，太感謝你了！我要告訴我媽媽，下星期六請你過來吃晚飯。』

週六晚上我興奮地換衣上床，為了確保不會遲到，還穿著網球鞋。我在床上無法入眠，幻想著海中的石斑魚和梭子魚在天花板上游來游去。凌晨三點，我爬出臥房，備好魚具箱，另外還帶上備用的魚鉤及魚線，將釣竿上的軸輪抹好油。帶了兩份花生醬和果醬三明治。四點整，我就準備出發了。釣竿、魚具箱、午餐及滿腔熱情，一切就緒 —— 坐在我家門外的路邊，摸黑等待著我的士兵朋友出現。

但他失約了。那可能就是我一生中，學會要自立自強的關鍵時刻。

我沒有因此對人的真誠產生懷疑或自憐自艾，也沒有爬回床上生悶氣或懊惱不已，向母親、兄弟姊妹及朋友訴苦，說那傢伙沒來，失約了。相反地，我跑到附近汽車戲院空地上的售貨攤，花光我幫人除草所賺的錢，買了那艘上星期看過的單人橡膠救生艇。近午時分，我才將橡皮艇吹滿氣，我把它頂在頭上，裡頭放著釣魚的用具，活像個原始狩獵人。我划著槳，滑入水中，假裝我將啟動一艘豪華大油輪，航向海洋。我釣到一些魚，享受了我的三明治，用軍用水壺喝了些果汁，這是我一生中最美妙的日子之一。那真是生命中的一大高潮。」

對魏特利而言，那天去釣魚，是他最大的希望，他立即著手制定計畫，使願望成真。魏特利極有可能被失望的情緒擊潰，也極有可能只是回家自我安慰：「你想去釣魚。但那士兵朋友沒來，這就算了吧！」相反地，他心中有個聲音告訴他：僅有欲望不足以得勝，我要立刻行動，要自立自強。

有個漁人有著一流的捕魚技術，被人們尊稱為「漁王」。然而漁王年老的時候非常苦惱，因為他的三個兒子的漁技都很平庸。

於是個經常向人訴說心中的苦惱：「我真不明白，我捕魚的技術這麼好，我的兒子們為什麼這麼差？我從他們懂事起就傳授捕魚技術給他們，從最基本的東西教起，告訴他們怎樣織網最容易捕捉到魚，怎樣划船最不會驚動魚，怎樣下網最容易請魚入甕。他們長大了，我又教他們怎樣辨識潮汐，辨魚汛……凡是我長年辛辛苦苦總結出來的經驗，我都毫無保留地傳授給了他們，可他們的捕魚技術竟然趕不上技術比我差的漁民的兒子！」

一位路人聽了他的訴說後，問：「你一直親自教他們嗎？」

「是的，為了讓他們得到一流的捕魚技術，我教得很仔細很耐心。」

「他們一直跟隨著你嗎？」

「是的，為了讓他們少走彎路，我一直讓他們跟著我學。」

路人說：「這樣說來，你的錯誤就很明顯了。你只傳授給了他們技術，卻沒傳授給他們教訓，對於才能來說，沒有教訓與沒有經驗一樣，都不能使人成大器！」

「大海航行靠舵手」，船走得快不快，是眾人齊不齊心用不用力划槳的問題，船是否能夠順利避開暗礁險灘到達目的地，那就是舵手責無旁貸的責任。這麼一艘大船和船上所有人的身家性命，相當程度上就取決於舵手的判斷和在危急時刻的處理。什麼樣的舵手能夠擔當起這個重任呢？

有人說時光如同流水，匆匆而過，總會帶走些什麼而又留下些什麼。面對這種得失，無論你的選擇是什麼，都只有一次機會，因為它流走了便不再回頭。即使天空中沒有飛鳥的痕跡，但鳥畢竟飛過；無論歲月中是否有成長的痕跡，我畢竟在成長。

生活中總有一團霧，它從你出生起就圍繞在你身邊，伴著你成長。隨著你的成長，它也變濃或變淡。

當霧濃時，你看不清你腳下的路。你不敢前進而又無路可退，於是，你在原地打轉。因為你只擁有一個封閉的空間而看不到路，所以你認為你處於絕境。你由迷茫走向絕望，而後會有許多人站在你倒下去的地方說：「生活中沒有絕望的處境，只有對處境絕望的人。」那是因為他們不在濃霧中。處於濃霧中的人，你不妨閉上眼睛踏出一大步，即使是失敗也要強於在絕望中滅亡。

當霧淡時，你可以看清眼前卻無法看透遠方。你不甘心走一步看一步，所以你耗盡心血要看透遠方的景象。可你看到的只有一團霧。於是，你會止步不前，因為你不想為一個無法預測的未來而奮鬥。你無法接受苦心奮鬥，盡心跋涉卻可能走向一個更苦的深淵的事實。你說：「希望越大，失望越大。」但卻忽略了，沒有希望你雖然不會失望，卻也徹底地放棄了成功。又或者你會探索著前進，可在你心中永遠存在著對未來的迷惑，永遠承受著迷茫。沒有目標的路程就像是沒有了帆的船，你憑著雙手驅使它逆流而上，又能支持多久呢？所以帶著對美好的堅定與對自己的信心，勇敢地向前走吧，放下壓力會更好。

或許你看清了眼前的路，也看透了遠方的路，但也不要以為你已經擺脫了那團霧，因為你還沒有看清你自己。你看清了腳下的路所以不會誤入歧途；你看清了遠方的路，所以知道何處的風景更絢麗。可是你沒有認識自己，所以當你走到目的地卻可能才發現絢麗的風景其實並不適合淡雅的你……遠征的人們，不妨先用心去尋覓一面鏡子看清楚自己，然後從腳下開始，向著遠方踏出一條真正屬於你的路來。

第三章
必須馬上積極主動地行動

辛苦是獲得一切的定律。

—— 牛頓

行動是一個勇於改變自我、拯救自我的象徵，是一個人能力有多大的證明。光心想、光會說，都是虛的，不能看到一點實際的東西。美國著名成功學大師說：「一次行動足以顯示一個人的弱點和優點是什麼，能夠及時提醒此人找到人生的突破口。」

毫無疑問，那些成大事者都是勤於行動和巧妙行動的大師。

1. 清談誤事也誤人

傑出的猶太人認為，藉口永遠只是弱者的可憐宣言。在失敗面前，不要為自己尋找藉口，要明白，那樣做欺騙的只是自己，成功的猶太人士不會為自己的失敗尋找藉口。

一個漆黑的晚上，坦尚尼亞奧運馬拉松選手阿克瓦里（John Stephen Akhwari）吃力地跑進了墨西哥奧運體育場。他是最後一個到達終點的選手，空空的體育場上只剩下他一人，享譽國際的記者格林斯潘遠遠看到這一切後，感到非常不解，他走上前去問阿克瓦里：「既然結果已成定局，你為什麼還要堅持跑到終點？」

這位來自坦尚尼亞的年輕人輕聲地回答說：「我的國家把我從兩萬多公里之外送到這裡是讓我來完成這場比賽的，而不是叫我在這場比賽中起跑的。」

也許，在許多人看來，阿克瓦里的行動有些愚蠢而略帶偏執，但成就一個人的，卻正是高度責任感和一顆積極而絕不輕易放棄的心：「沒有任何藉口和抱怨，職責就是他一切行動的準則。」

現實生活中，我們常常會聽到這樣的藉口和抱怨：「如果不是……我本可以早點到的。我太懶了，又沒時間去做……

要不是上道工序延遲的話，我們早就……我們以前不是這樣的……」時間久了，這所有的藉口都成了順理成章的事情，成為推諉與遲延的理由，人們總是在思量自已的得失，挑剔著別人的差錯，能不負責盡量不負責，為確保自己的利益不受損害，找出種種藉口欺騙公司，欺騙別人，也欺騙自己。因為，就在你尋找種種藉口的時候，時間已經從你身邊悄悄溜走。傑出猶太人告誡我們千萬別找藉口！在現實生活中，我們缺少的不是去尋找任何藉口的人，而是那種想盡辦法去完成任務的人，在他們身上，展現出一種負責、敬業的精神，一種服從、誠實的態度，一種完美的執行能力。

其實，在每一個藉口的背後，都隱藏著豐富的潛臺詞，只是我們不好意思說出來，甚至我們根本就不願說出來。藉口讓我們暫時逃避了困難和責任，心理上得到了一些慰藉。但是，藉口的代價是非常巨大的，它給我們帶來的危害一點也不比其他惡習少。

猶太人歸納了經常聽到的藉口，主要有以下4種表現形式：

◆我一開始就沒答應做這件事情，所以出了問題不是我的責任（不願承擔責任）

許多藉口總是把「不」、「不是」、「沒有」與「我」緊密連繫在一起，其潛臺詞就是「我與這件事情沒有太大關係」，不願承擔責任，把本應自己承擔的責任推卸給別人。一個團隊中，是不應該有「我」與「別人」的區別的。一個責任感不強的員工，不可能獲得上司的信賴和尊重，也不可能獲得同事的支持和信任。如果每個人都養成了找藉口的習慣，那麼就會在無形中提高溝通成本，削弱團隊協調作戰的能力。

◆這段時間我很忙，我盡量吧（拖延）

找藉口的一個直接後果就是容易讓人養成拖延的壞習慣。在每個公司裡我們都會發現這樣的員工：他們每天看起來很忙碌，似乎盡職盡責了，但是，他們把本應一個小時完成的工作變得需要半天的時間甚至更多。因為他們把工作當成一個接一個的任務，他們尋找各式各樣的藉口，拖延逃避。每一個管理者對這樣的員工都會頭痛不已。

◆我們以前沒有這麼做過、這不是我們這裡的做事方式（缺乏創新精神）

尋找藉口的人總是因循守舊的人，他們缺乏一種自動自發工作的能力和創新精神，因此。希望他們在工作中做出創造性的成績是徒勞的。藉口會讓他們躺在以前的經驗規則和思維慣性上舒服地睡大覺。

◆我從沒受過適當的訓練來做這項工作（不稱職、缺少責任感）

這其實是為自己的能力或經驗不足而造成的失誤尋找藉口，這樣做顯然是非常不明智的。藉口只能讓人逃避一時，卻不可能讓人如意一世。

不願承擔責任，拖延，缺乏創新精神，不稱職，缺少責任感，看看吧，那些看似冠冕堂皇的藉口背後隱藏著多麼可怕的東西啊！

其實，無論是在工作中還是在生活中，人們都不喜歡找藉口的人。試想，如果你與某人約好時間見面，而他遲到了，見面張口就說：路上車太多了，或者是他在門口迷路了等等，你會怎麼想？生活中只有兩種行動:要麼努力地表現，要麼就是不停地辯解。沒有人會喜歡辯解的。那些動輒就說「我以為、我猜、我想、大概是」的人，想想吧！你們從這些話中得到了些什麼？

成功的猶太人從來不會在生活和工作中尋找任何的藉口。但是不幸的是，很多人卻不能擺脫藉口的包圍，當你沒有完成一項工作時，會有很多的藉口在那兒響應你、聲援你、支持你，你很容易學會抱怨、推諉、遷怒，甚至憤世嫉俗。藉口就是一張敷衍別人、原諒自己的「擋箭牌」，就是一副掩飾弱點、推卸責任的「萬能器」。有多少人把寶貴的時間和精力放在尋找一個合適的藉口上，而忘記了自己的職責和責任啊！

尋找藉口唯一的好處，就是把屬於自己的過失掩飾掉，把應該自己承擔的責任轉嫁給社會或他人。這樣的人，在企業中不會成為稱職的員工。也不是企業可以期待和信任的員工；在社會上不是大家可信賴和尊重的人。這樣的人，注定只能是一事無成的失敗者。

2. 人無遠慮，必有近憂

記不起在哪個寺院的大殿前，換鞋子的地方，看到了四個字 —— 注意腳下。

注意腳下，腳下有什麼好注意的，地上髒嗎？有玻璃？有鐵釘？還是有雞糞？要注意以免弄髒、弄傷了你的玉足？

想了好久還是不明白其中的含義，還是求教於院中的師父吧！師父客氣地把我引入大殿先禮佛後，再詳細地告訴我「注意腳下」的含義：

注意腳下，有三種意思：

一、佛教的教義 —— 慈悲為懷，一切眾生皆是未來佛，所以戒殺生。在古代印度，佛制規定出家人都應赤足行路，因為赤足時腳比較敏感也比較柔和，才不至因為不小心誤踩蚯蚓、青蛙……等的小昆蟲，傷害了牠們的小生命。

二、注意腳下，也是佛教惜福、惜物的另一表現，一雙鞋穿在腳上，若你能時時注意腳下，不去踩地上的汙水爛泥，而且走路小心輕輕放下，除了能使你看起來行為舉止穩重端莊外，也可以減少鞋子的磨損，增長鞋子的使用壽命。

還有，當人走得慢時，無形中你的心情和氣也會較閒適一些，可以增加你的思慮和保健長生等。

三、每個人走路腳尖都是向前，也就是說腳尖所指向的方向，也正是你所要走的方向，注意腳下的另一個含義，是指隨時隨地注意你的腳步，必須走對方向，時時調整時時糾正，讓自己走在不偏不倚的正道上，才不會浪費自己寶貴的光陰去多走不必走的冤路。

聽了師父的一番話，我才知道原來簡單的「注意腳下」四個字，竟然有如此深的含義與哲理，今後走路豈敢不多加用心 —— 注意腳下。

馬達加斯加島上，一隻小狐猴出生了。牠好奇地打量著眼前的世界，母親告訴牠從明天開始牠就要跟著母親一起來學習生存。

但第一天，牠就遇到了麻煩。牠被腳下植物上的毒刺扎傷了腳，鑽心的疼痛讓牠吱吱大叫。牠問母親，為什麼我們要生活在這種長滿毒刺的植物周圍？這多麼容易受傷！母親說，沒關係孩子，等你習慣就好了，世世代代我們都是這樣生活下來的。晚上，舔著自己傷口的小狐猴在思考一個問題，為什麼我們世世代代都要生長在這種惡劣的環境下？

幾個月後，長大的小狐猴開始和母親吃一樣的食物，那是生長在毒刺中間的小小的嫩葉，很苦澀，這讓小狐猴很苦惱。

偶然的一個機會，牠遇到了一隻在四處旅行的鳥，鳥給牠帶來了許多的資訊。比如其他地方的猴子都是生活在沒有毒刺的樹上，而且吃的都是甜美的果子。「果子？」小狐猴疑惑地說。鳥笑了笑展開翅膀飛走，回來的時候嘴上叼著一枚紅紅的果子。小狐猴嘗了一下，果然美味。

小狐猴決定離開這裡去尋找自己想要的生活。母親和猴群的長老們勸牠不要離開，告訴小狐猴別抱怨，誰都是在慢慢地適應生活，以後才可能高枕無憂。小狐猴聽不進去，牠搖搖頭堅定地離開了家。

在島的另一邊小狐猴果然發現了鳥叼的那種果子，生長在一棵沒有毒刺的樹上。牠欣喜地爬上去，但當牠快要摘下那果子的時候，身體卻被一條不知隱藏在哪裡的蛇緊緊地纏住了，然後看到的是一張血盆大口。小狐猴最後想的是，以前自己生活的地方因為有那些毒刺，從來沒有什麼天敵可以進入……

憂慮是涓涓流過心靈的恐懼之溪，若水勢擴大，能蝕成水道，使其他想法枯竭。亞瑟·薩默斯·羅什（Arthur Somers Roche）如是說。

人的一生，「不如意十之八九」，總有失意與困惑的時候。事業的挫折、家庭的矛盾、人際關係的衝突等都是經常會碰到的，這個時候，我們的內心便矛盾重重，如果我們不把矛盾及時解決，任憂慮在頭腦中橫行，那麼它便如涓涓細流，挾著煩悶的泥沙一點點侵蝕我們的思想，慢慢地把我們所有的快樂都沖走，我們不僅會失去幸福、智慧、上進心，還會失去健康。

威利是一個很聰明的工程師，他開創了冷氣製造業。

在他年輕的時候，有一次他到紐約州水牛城的水牛鋼鐵公司做事。因為工作需要，他必須要到密蘇里州水晶城的匹茲堡玻璃公司 —— 一座花費了好幾百萬美金建造的工廠，去安裝一架瓦斯清潔機，目的是清除瓦斯裡的雜質，使瓦斯燃燒時不至於傷到引擎。這種清潔瓦斯的方法是新方法，以前只試過一次 —— 而且當時的情況很不相同。

他到密蘇里州水晶城工作的時候，很多事先沒有想到的困難都發生了。經過一番調整之後，機器可以使用了，但效果並不令人滿意。

威利對自己的失敗非常吃驚，他覺得好像是有人在他的頭上重重地打了一拳。他為此憂慮起來。慢慢地，他的胃和整個肚子都開始扭痛起來。有好一陣子，他擔憂得沒辦法睡覺。

最後，威利覺得這樣憂慮下去不能解決任何問題。於是他認真地分析了整個情況，終於找出了解決問題的好辦法。

每當談起此事，威利總會說：「如果當時我一直擔心下去的話，恐怕永遠不可能走到這一步。因為憂慮的最大壞處，就是會毀了我集中精神的能力。在我們憂慮的時候，我們的思想會到處亂轉，而喪失正確判斷的能力。」

威利也曾憂慮，但他告誡自己，憂慮不能解決任何問題，並從憂慮中解脫出來。我們的心靈是一塊肥沃的土地，在這片土地中，我們播下什麼樣的種子，便會結出什麼樣的果子。在種子成長的過程中，一定不要讓憂慮的野草在這裡生根，一旦發現有憂慮，你必須盡快將它剷除，不然野草發達的根部便會瘋狂地吸收田裡的營養，以至於我們心靈的花還沒有開放，便凋零了。

3. 馬上行動是最快的捷徑

心動每個人都有，趕快行動不是人人都能做到。成功者的經歷告訴我們：只有做到心動趕快行動，才能在不斷變化的競爭環境中成為贏家。

一個人受到外部的感召、刺激都會產生心動，它來自你的心靈深處，是一種有生命力的東西，把握住，它也許能成為你人生的轉折點。人們常說的「心動不如行動」引人深思，而「心動趕快行動」更有其內涵，符合現實，發人深省。在一切都在快速發展的當今社會裡，一個人或一個團隊有了成功欲望，就必須迅速採取有效行動，才能抓住一閃即逝的機遇，贏得主動，把願景變為現實。

生活中常有這樣的現象：某些人受一場演講或一篇事蹟報告的感染或某個智者的啟發，產生了強烈的心靈觸動：想創辦一家工廠、想創新某項工作、想做一件好事……可事情並不像我們期待的那樣。這些心動者遲遲不付諸行動，而是找出一大堆理由和藉口來說明不行動的原因。久而久之，由心動產生的美好願望便被「不動」或「慢動」而扼殺。當然，如果僅是一兩次不動，或許可以理解，如果長此以往，只會很遺憾！

我們靜下心來仔細想一想，是不是這樣？所以，看好的事情趕快行動，把願景變為現實，使我們的生活更加美好！

一個農民從洪水中救起了他的妻子，他的孩子卻被淹死了。

事後，人們議論紛紛。有的說他做得對，因為孩子可以再生一個，妻子卻不能死而復活。有的說他做錯了，因為妻子可以另娶一個，孩子卻不能死而復活。

我聽了人們的議論，也感到疑惑難決：如果只能救活一人，究竟應該救妻子呢，還是救孩子？

於是我去拜訪那個農民，問他當時是怎麼想的。

他答道：「我什麼也沒想。洪水襲來，妻子在我身過，我抓住她就往附近的山坡游。當我返回時，孩子已經被洪水沖走了。」

歸途上，我思索著農民的話，對自己說：所謂人生的抉擇便是如此。

解放黑奴的美國總統林肯，不僅是私生子，出生微賤，且面貌醜陋，言談舉止缺乏風度，他對自己的這些缺陷十分敏感。為了補償這些缺陷，他力求從教育方面來汲取力量，拚命自修以克服早期的知識貧乏和孤陋寡聞。他在燭光、燈光、水光前讀書，儘管眼眶越陷越深，但知識的營養全面補償了自身的缺陷。他最終擺脫了自卑，並成為傑出有貢獻的美國總統。貝多芬從小聽覺有缺陷，耳朵全聾後還克服困難寫出了優美的《第九號交響曲》，他的名言：「人啊，你當自助！」成為許多自強不息者的座右銘。

在補償心理的作用下，自卑感具有使人前進的反彈力。由於自卑，人們會清楚甚至過分地意識到自己的不足，這就促使其努力學習別人的長處，彌補自己的不足，從而使其性格受到磨礪，而堅強的性格正是獲取成功的心理基礎。

自卑能促使人走向成功。一位人道主義者指出，在每個人的內心深處都有一種靈性，憑藉這一靈性，人們得以完成許多豐功偉業。這種靈性潛在每個人內心深處，即維持個性、對抗外來侵犯的力量。它就是人的「尊嚴」和「人格」。人們為了維護自己的尊嚴和人格，就要求自己克服自卑，戰勝自我。因此，令人難堪的種種因素往往可以成為發展自己的跳板。一個人的真正價值、道德取決於能否從自我設定的陷阱裡超越出來，而真正能夠解救我們的，只有我們自己。即所謂「上帝只幫助那些能夠自救的人」。

強者不是天生的，強者也並非沒有軟弱的時候，強者之所以成為強者，在於他善於戰勝自己的軟弱。

一代球王比利（Edson 'Pelé' Arantes do Nascimento）初到巴西最有名氣的桑托斯足球隊時，他害怕那些大球星瞧不起自己，竟緊張得一夜未眠，他本是球場上的佼佼者，但卻無端地懷疑自己，恐懼他人。後來他設法在球場上忘掉自我，專注踢球，保持一種泰然自若的心態，從此便以銳不可擋之勢進了一千多球。球王比利戰勝自卑的過程告訴我們：不要懷疑自己、貶低自己，只要勇往直前，付諸行動，就一定能走向成功。久而久之，就會從緊張、恐懼、自卑中解脫出來。因此，不甘自卑，發憤圖強，積極補償，是醫治自卑的良藥。

4. 在順境中發現危機

一條品種優良的獵狗，被主人訓練得壯碩無比，追捕獵物速度快，而且反應敏捷。

對於追捕獵物這件事，這隻獵狗可以說駕輕就熟，就像熟練的漁夫捕魚。

有一次，主人帶著這隻獵狗又去狩獵，遠遠地發現一隻狐狸，主人用槍射擊，不夠準確，被狐狸逃跑了。

獵狗於是展開自己最拿手的追捕工作，森林是狐狸的天地，牠非常熟悉路徑，但獵狗也不放棄，追捕之間，過程高潮迭起。

狐狸較為瘦小，跑不過獵狗，眼看就要被追上。突然，一個轉身，狐狸朝另一條路跑去，獵狗一不留神，身體擦傷，有點痛。

「唉！我追得這麼累幹嘛！追不到狐狸，我也不會餓肚子呀！」念頭剛剛出現，速度已經慢了下來。狐狸又跑遠了。

「算了，現在早已脫離主人的視線，反正主人看不到。」

獵狗起了放棄的念頭，速度又遲緩起來。

狐狸終於逃離獵狗的追捕。

人做任何事，心中的意圖強烈與否會大大影響結果。獵狗沒有餓肚子的憂慮，所以放棄的念頭會輕易地出現。而狐狸呢？卻是一場生死競跑，跑不過就沒命，所以不敢有任何的偷懶。同樣道理，全力以赴，破釜沉舟地去做，一定成功。如果心中先預想，萬一做不好，要去找哪種退路，那麼成功就比較困難。

機會並不是隨時都存在的，一個人要善於等待，並在等待中時刻準備著，只有這樣，在機會來臨時，我們才能把握住它。

我們每個人的一生中，都會有很多機會。在機會沒有來臨時，要耐心等待。等待，不是什麼也不做，而是隨時準備著，要準備的更加充分，有能力抓住和運用機會。這樣，在機會來臨時，我們才能有所作為。

5. 把小事當大事來做

人們都想做大事，而不願意或者不屑於做小事，想做大事的人太多，而願意把小事做好的人太少。事實上，隨著經濟的發展，專業化程度越來越高，社會分工越來越細。比如：一臺拖拉機，有五六千個零件，要幾十個工廠進行生產合作；一輛車，有上萬個零件，需上百家企業生產合作；一架飛機，共有 450 萬個零件，涉及更多公司。

因此，多數人所做的工作還只是一些具體的事、瑣碎的事、單調的事，他們也許過於平淡，吐雞毛蒜皮，但這就是工作，是生活，是成就大事不可缺少的基礎。

成功的猶太人認為，好的品質，好的習慣，要靠日積月累。成功的輝煌，來自平常的學習訓練。他們特別相信伏爾泰的一句話：使人疲憊的是鞋子裡的一粒沙子，而不是遠處的高山。

每一件小事都是成就大事的基石，如果一味夢想成大事而丟棄所謂的小事，那麼理想只能成為虛無飄渺的空中閣樓。

羅斯的父母在賓夕凡尼亞州的沙勒羅伊經營了一家小餐廳，名叫帕戈尼斯。餐廳每週營業 7 天，每天工作 4 小時。

羅斯的第一份正式工作就是專門為那些來餐廳用餐的人擦皮鞋，那時候羅斯 6 歲。羅斯父親小時候也擦過皮鞋，所以父親教他怎麼樣才能把皮鞋擦得亮亮的。他告訴羅斯，擦完鞋後要徵求顧客的意見，如果他不滿意，就把皮鞋重新擦一遍。

隨著年齡的增長，羅斯要做得事也增加了。羅斯 10 歲的時候還負責收拾餐桌，做清潔工的工作。父親笑容滿面地告訴他，在他僱傭過的清潔工中，羅斯是做得最好的。

在餐廳裡工作使羅斯感到自豪，因為她拚命地工作正是為了全家人能生活得更好。但是父親明確地指出，想成為餐廳工作人員中的一員，羅斯就得達到一定標準，他必須準時上班，手腳要勤快，並且要禮貌待客。

除了擦皮鞋外，羅斯在餐廳的工作都是沒有報酬的。有一天羅斯做了一件傻事：羅斯對父親說他應該每週給他 10 美元。父親回答說：「好啊，那麼你一天在這裡吃的三頓飯的飯錢是不是也應該付給我呢？你有時帶朋友到餐廳來喝汽水又該怎麼算呢？」父親算了一下說，羅斯每週大約欠他 40 美元。

羅斯至今還記得服役兩年後回到家裡的情景。那時他剛被提升為上尉，羅斯自豪地走進父母的餐廳，父親開口說的第一句話就是：「清潔工今天休息，晚上你負責打掃，怎麼樣？」羅斯心裡想：我是不是聽錯了！我現在已經是美國軍隊裡的一名軍官了！但這又有什麼關係呢？對父親來說，我還是餐廳的一個員工。於是他就拿起拖把拖地去了。

替父親做事羅斯覺得值得，應該把集體放在首位，不管這個集體是家庭、餐廳還是作戰，都一樣。

人們往往把希望要做的事業看得過於高遠。其實再偉大的事業，只要從簡單的工作入手，一步一腳印前進，便能達到它的頂峰。

在人生的道路上，我們有必要隨時倒出鞋子裡的那粒沙子。生活中，將你擊垮的是一些尋常瑣碎的小事，而不是那些巨大的挑戰。很多人都有著這樣的體驗：當災難突然降臨時，人們因為緊張、恐懼，本能地產生一種巨大的抗爭力量。然而，當一些雞毛蒜皮的小事困擾你時，就會束手無策，因為它們是生活的枝微末節，人們一般都不會注意它。然而，正是這些看似微不足道的小事，卻能不斷地消耗人的精力。

成功的猶太人認為，一個人要想成就一番事業，需要做好日常生活中的每一件小事。正所「千里之行，始於足下」。那些總想著做大事，而對小事不屑一顧的人是不會取得成功的。猶太人經常教育他們的孩子，要想做一個有志有為的年輕人，必須自覺地從身邊的每一件小事做起，即使做一件很微小的好事，也比視善小而不為的人強，因為「天下難事必作於易，天下大事必作於細」。

記住，工作中無小事。所有的成功者，他們與我們都做著同樣簡單的小事，唯一的區別就他們從不認為他們所做的事是簡單的小事。

士兵每天所做的工作就是訓練、戰術演練、巡邏、擦拭槍械等小事；飯店的服務生每天工作就是對顧客微笑、回答顧客的提問、打掃房間、整理床單等小事；你每天所做的可能就是接電話、整理報表、繪製圖紙之類的小事。你是否對此感到厭倦、毫無意義而提不起精神？你是否因此而敷衍應付，心裡有了懈怠？這不能成為你的藉口。請記住：這就是你的工作，而工作中要想把每一件事做到完美，就必須付出你的熱情和努力。

猶太人布朗最初是美國標準石油公司的一個員工。他在出差住旅館的時候，總是在自己名字下方，寫上「每桶 4 美元的標準石油」字樣，在書信及收據上也不例外，簽了名，就一定會把幾個字寫上。他因此被同事們叫做「每桶 4 美元」，而他的真名倒沒有人叫了。

公司董事長洛克斐勒（John Davison Rockefeller）知道這件事後，感慨地說：「竟有職員如此努力宣揚公司的聲譽，我要見他。」於是邀請布朗共進晚餐。

後來，洛克斐勒卸任，布朗成了第二任董事長。在簽名的時候署上「每桶 4 美元的標準石油」是一件非常小的事情。嚴格說來，這件小事還不在布朗的工作範圍之內。但布朗做了，並堅持把這件小事做到了極致。那些嘲笑他的人中，肯定有很多能力、才華超過他的人，可是最後，只有他取得了事業上的成功。

美國獨立企業聯盟主席傑克在他 13 歲時便開始在父母的加油站裡工作。站裡有三個加油泵、兩條修車地溝和一間打蠟房。他的父親負責修車，他的母親負責記帳和收錢。那時的傑克想學習修車，但父親讓他在櫃檯接待顧客。父親認為他應該從最小的事情做起。

每當有汽車開進來時，傑克就在車子停穩前站在司機門邊，忙著去檢查油量、蓄電池、傳動帶、膠皮管和水箱。一開始，傑克簡直煩透了這些，這些瑣碎的小事並不是他想要做的。直到有一天，傑克改變了看法。

每週都有一位老太太開著她的車前來清洗和打蠟，該車內的地板凹陷極深，因而很難打掃。車的主人又極難打交道，每次當他們幫她把車打掃完時，她都要再仔細檢查一遍，讓人們重新打掃，直到清除每一縷棉絨和灰塵她才滿意。

有一天，老太太又來清洗車子了，傑克很認真地為她清理車子，以防她再挑出什麼，被打掃過的車子煥然一新。但是當傑克把車子交給她時，她還是挑出了毛病。傑克實在受夠了，他把工具扔在地上，決心不再做這個工作。父親告誡他：「孩子，這是你的工作！不管顧客說什麼或做什麼，你都要記住做好你的工作，並以應有的禮貌去對待顧客。如果你做得好，顧客還會再來，如果你連這件小事都做不好，你憑什麼去做大事呢？」

他聽完父親的話，拾起工具決心做好每一件最細微的事。最終，他成為美國獨立企業聯盟主席。

傑克在剛開始為父母工作時並不懂得要把小事做好，父親的話為他上了成功的第一課。當他能把小事做得完美後，才有他日後的輝煌。

我們總是犯著同樣的錯誤，不屑做身邊的小事。孰不知，正是這些小事為你做大事鋪好了基石。

無論遇到什麼不公平 —— 不管它是先天的缺陷還是後天的挫折，都不要憐惜自己，而要咬緊牙根挺住，然後像獅子一樣勇猛向前。

重要的並不在於你所做的是什麼事，而在於你應當採取某種行動。最不可取的態度是一點事情都不去做，一味讓自己躲藏在困難的後面。動不動就被困難嚇倒是很容易讓自己滋生一種自卑感的，久而久之，就什麼事情都不敢去做了。那麼，一個人什麼時候應當坦然承認自己的缺陷，什麼時候又應當去和困難奮鬥呢？

如果你只有一條腿，就完全沒有必要勉強自己去做一個長跑運動員。如果你的容貌確實夠不上美豔絕倫，就不必非得要去參加什麼選美大賽。在這種情形之下，如果一個人在某些方面確實存在自身不可抗拒的缺陷，就完全沒有必要在這方面和別人比較。

一個矮小的人想在體格上炫耀自己，這是何等的愚蠢！一個粗壯的婦人勉強要扮出嬌羞的樣子來東施效顰，這又是何等的可笑！對於你和你的朋友來說，對那些你們明顯不能去做的事，就不要浪費精力去做。

但是缺陷並不會妨礙一個人在別的方面去做出一些有價值的事情。例如：缺乏健壯的體格和鮮明的性格並沒有妨礙豪斯上校（Edward Mandell House）成為戰時最有影響的人物之一。在這些不利的情形之下，他是如何成功的呢？

在他很小的時候，他就知道自己矮小的身材是一種永遠無法彌補的缺陷，尤其是想到軍隊服役的話。因為這種位置太注重給人的第一印象了。

正因為不能依賴於外表來達到自己的預期目的，於是他就換了一個方法 —— 廣交朋友來達成。廣泛地結交真正的朋友成為他的一種嗜好。

後來，他成了威爾遜（Thomas Woodrow Wilson）最信任的參謀，然而，他與威爾遜之間僅僅是朋友關係而已。

6. 積極主動就成功了一半

主動，要求我們擁有一種積極的心態，我們天天喊著要改變生活，要取得成功，但一個被動者是不可能改變自己命運的。

當你發現自己陷在一種無能為力的生活境地時，你首先要有勇氣走出這種生活，而走出這種生活又需要你放棄原來的既得利益和習慣。人最壞的習慣之一就是抱住已經擁有的東西不放，其實一個人只要捨得放下自己的那點小天地，就很容易走進宇宙的大世界。這個世界為你準備的精采很多。同樣都是人，有的人一輩子活得充滿快樂、驚喜和收穫，而有的人卻活得充滿平庸、無聊和失敗。

對於大多數人來說，被動的生活已經變成了生活的一種行為無意識，我們像牛一樣被各式各樣的事情牽著鼻子向前走或原地繞圈，由於被牽太久，就忘了我們是被牽著鼻子在生活，有時候不被牽著還感覺不舒服。比如我們每天晚上的大部分時間都被電視所浪費了，我們開啟電視不斷換著頻道，很少能看到有意義的節目，一整個晚上的寶貴時間就這樣浪費掉了，到最後很多人都得了電視被動症，在電視上學不到任何東西，離開了電視又活不下去。假如有一天晚上突然停電沒辦法看電視，我們就會像沒了魂的幽靈，整個晚上晃來晃去不知所措。英語中有一個詞用得很具體，把對人沒好處但又能牽著人的鼻子走的東西叫「hooked on」， 意思是被鉤住了，就像一頭豬被鉤住了，那離被屠宰的時間就不遠了。

人之所以被動，主要的原因是心中沒有真正重大的事情要做或心中沒有遠大的目標要實現。一個沒有自己航向的人是最容易隨波逐流的人，也是最容易被各種瑣碎的事情所誘惑的人。

究其原因，主動擁抱生活和被動接受命運是這兩種人的分水嶺。

心態對於年輕人來說太重要了 —— 有什麼樣的心態，就會有什麼樣的命運 。所以，要改變命運，先要改變心態。

為什麼有些人就是比其他的人更成功，賺更多的錢，擁有不錯的工作，良好的人際關係，健康的身體，整天快快樂樂地過著高品質的人生，似乎他們的生活就是比別人過得好。而許多人忙忙碌碌地勞動卻只能維持生計。其實，人與人之間並沒有多大的區別。但為什麼有許多人能夠獲得成功，能夠克服萬難去建功立業，有些人卻不行？

不少心理學專家發現，這個祕密就是人的「心態」。一位哲人說：「你的心態就是你真正的主人。」一位偉人說：「要麼你去駕馭生命，要麼是生命駕馭你。你的心態決定誰是坐騎，誰是騎師。」也就是說，心態決定命運。

英國著名文豪狄更斯曾說：「一個健全的心態，比一百種智慧都更有力量。」這句不朽的名言告訴我們一個真理：有什麼樣的心態，就會有什麼樣的人生。人類幾千年的文明史告訴我們，積極的心態能幫助我們獲取健康、幸福和財富；而消極心態會剝奪對我們的生活有意義的東西，即使人生已經到達頂峰，它也會把我們從頂峰上推落下來，使我們跌入低谷。

有兩位年屆 70 歲的老太太，一位認為到了這個年紀可算是人生的盡頭，於是便開始料理後事；另一位卻認為一個人能做什麼事不在於年齡的大小，而在於什麼想法。於是，她在 70 歲高齡之際開始學習登山，其中幾座還是世界上有名的。就在最近還以 95 歲高齡登上了日本的富士山，打破攀登此山年齡最高的紀錄。她就是著名的胡達·克魯克斯（Hulda Crooks）老太太。

70 歲開始學習登山，這是一大奇蹟。但奇蹟是人創造出來的。成功人士的首要象徵，是在於他有什麼樣的心態。胡達·克魯克斯老太太的壯舉正驗證了這一點。

古時有一位國王，夢見山倒了，水枯了，花也謝了，便叫王后給他解夢。王后說：「大勢不好。山倒了指江山要倒；水枯了指民眾離心，君是舟，民是水，水枯了，舟也不能行了；花謝了指好景不長了。」國王驚出一身冷汗，從此患病，且愈來愈重。一位大臣要參見國王，國王在病榻上說出了他的心事，哪知大臣一聽，大笑說：「太好了，山倒了指從此天下太平；水枯指真龍現身，國王，你是真龍天子；花謝了，花謝見果子呀！」國王全身輕鬆，很快痊癒。

有這樣一個老太太，她有兩個兒子，大兒子是染布的，二兒子是賣傘的，她整天為兩個兒子發愁。天一下雨，她就會為大兒子發愁，因為不能晒布了；天一放晴，她就會為二兒子發愁，因為不下雨二兒子的就賣不出去。老太太總是愁眉緊鎖，沒有一天開心的日子，弄得疾病纏身，骨瘦如柴。一位哲學家告訴她，為什麼不反過來想呢？天一下雨，你就為二兒子高興，因為他可以賣傘了；天一放晴，你就為大兒子高興，因為他可以晒布了。在哲學家的開導下，老太太以後天天都是樂呵呵的，身體自然健康起來了。

看來，事物都有其兩面性，問題就在於當事者怎樣去對待它們。強者對待事物，不看消極的一面，只取積極的一面。如果摔了一跤，手流血了，他會想：幸好沒把手臂摔斷；如果發生車禍，撞斷一條腿，他會想：大難不死必有後福。強者把每一天都當作新生命的誕生而充滿希望，儘管這一天有許多麻煩事等著他，強者又把每一天都當作生命的最後一天，倍加珍惜。

美國潛能成功學家羅賓斯（Anthony Robbins）說：「面對人生逆境或困境時所持的信念，遠比任何事都來得重要。」這是因為，積極的信念和消極的信念直接影響創業者的成敗。

美國成功學學者拿破崙·希爾（Napoleon Hill）關於心態的意義說過這樣一段話：「人與人之間只有很小的差異，但是這種很小的差異卻造成了巨大的差異！很小的差異就是所具備的心態是積極的還是消極的，巨大的差異就是成功和失敗。」

是的，一個人面對失敗所持的心態往往決定他一生的命運。

積極的心態有助於人們克服困難，使人們看到希望，保持進取的旺盛鬥志。消極心態使人沮喪、失望，對生活和人生充滿了抱怨，自我封閉，限制和扼殺自己的潛能。

積極的心態創造人生，消極的心態消耗人生。積極的心態是成功的起點，是生命的陽光和雨露，讓人的心靈成為一支翱翔的雄鷹。消極的心態是失敗的源泉，是生命的慢性殺手，使人受制於自我設定的某種陰影。選擇了積極的心態，就等於選擇了成功的希望；選擇消極的心態，就注定要走入失敗的沼澤。如果你想成功，想把美夢變成現實，就必須摒棄這種扼殺你的潛能、摧毀你希望的消極心態。

如果你對目前的狀況不滿意並想改變的話，請記住第 9 個忠告：要改變命運，先要改變心態。

第四章
摸著石頭過河

哪裡有天才，我是把別人喝咖啡的工夫都用在工作上的。

—— 魯迅

在人生的道路上，我們需要的是：用實際行動來證明自己和兌現曾經心動過的想法！

要知道世界上所有的計畫都不能幫助你成功，要想實現理想，就得趕快行動起來。成功者的路千條萬條，但是行動卻是每一個成功者的必經之路，也是一條捷徑。

立刻行動起來，不要有任何的耽擱。

1. 成功只屬於勇於實現自我的人

一位老和尚，他身邊聚攏著一幫虔誠的弟子。

這一天，他囑咐弟子每人去南山打一擔柴回來。弟子們匆匆行至離山不遠的河邊，人人目瞪口呆。只見洪水從山上奔瀉而下，無論如何也休想渡河打柴了。無功而返，弟子們都有些垂頭喪氣。唯獨一個小和尚與師傅坦然相對。師傅問其故，小和尚從懷中掏出一個蘋果，遞給師傅說，過不了河，打不了柴，見河邊有棵蘋果樹，我就順手把樹上唯一的一個蘋果摘來了。後來，這位小和尚成了師傅的衣缽傳人。

世上有走不完的路，也有過不了的河。過不了的河掉頭而回，也是一種智慧。但真正的智慧還要在河邊做一件事情：放飛思想的風箏，摘下一個「蘋果」。歷覽古今，抱定這樣一種生活信念的人，最終都實現了人生的突圍和超越。

自立自強的精神不僅是傳統美德，還是一個人生存於世的根本。早在周代典籍《易經》中就講到：「天行健，君子以自強不息。」漢代典籍《禮記》中也講到：「知困，然後能自強也。」我們的祖先歷來強調，凡是有志氣、有道德、有本領的人，必定是自立自強的人。

幾千年來，人類就憑藉著自立自強的奮鬥精神，歷經重重磨難，艱苦奮鬥，生生不息，創造了偉大的人類文明。人類才能繼續繁衍和生存。

你能夠使成功成為你生活中的組成部分，你能夠使昨日的理想成為今天的現實。但是，靠願望和祈禱是不行的，必須動手去做才能讓你的理想實現。天下沒有免費的午餐。

有一位名叫西爾維亞的美國女孩，她的父親是波士頓有名的整形外科醫生，母親在一家聲譽很高的大學擔任教授。她的家庭對她有很大的幫助和支持，她完全有機會實現自己的理想。她從國中的時候起，就一直夢寐以求當上電視節目的主持人。她覺得自己具有這方面的才能，因為每當她和別人相處時，即便是陌生人也都願意親近她並和她長談。她知道怎樣從人家嘴裡掏出心裡話。她的朋友們稱她是他們的「親密的隨身精神醫生」。她自己常說：「只要有人願給我一次上電視的機會，我相信我一定能成功。」

但是，她為達到這個理想而做了些什麼呢？她什麼也沒做，而在等待奇蹟出現，希望一下子就當上電視節目的主持人。

西爾維亞不切實際地期待著，結果什麼奇蹟也沒有出現。

誰也不會請一個毫無經驗的人去擔任電視節目主持人。

而且，節目的主管也沒有興趣跑到外面去找人，相反都是別人去找他們。

另一個名叫辛迪的女孩卻實現了西爾維亞的理想，成了著名的電視節目主持人。辛迪並沒有白白地等待機會出現。她不像西爾維亞那樣有可靠的經濟來源，所以白天去工作，晚上在大學上夜校。畢業之後，她開始找工作，跑遍了洛杉磯每一個廣播電臺和電視臺。但是，每一個地方的經理對她的答覆都差不多：「不是已經有幾年經驗的人，我們不會僱用的。」

但是，她不願意退縮，也沒有等待機會，而是走出去尋找機會。她一連幾個月仔細閱讀廣播電視方面的雜誌，最後終於看到一則應徵廣告，北達科他州有一家很小的電視臺應徵一名天氣預報的女主持人。

辛迪是加州人，不喜歡北方。但是，有沒有陽光，是不是下雪都沒有關係，她只是希望找到一份和電視有關的職業，做什麼都行！她抓住這個工作機會，動身到北達科他州。

辛迪在那裡工作了兩年，最後在洛杉磯的電視臺找到了一個工作。又過了五年，她終於得到升遷，成為她夢想已久的節目主持人。西爾維亞那種失敗者的思路和辛迪的成功者的觀點正好背道而馳。她們的分歧點就在於，西爾維亞在10年當中，一直停留在幻想上，坐等機會，期望時來運轉，然而，時光卻流逝了。而辛迪則是採取行動。首先，她充實了自己。然後，在北達科他州受到了訓練。接著，在洛杉磯累積了經驗。最後，終於實現了理想。

失敗者談起別人獲得的成功總會憤憤不平地說：「人家有好的運氣。」他們不採取行動，總是等待著有一天他們會走運。他們把成功看做是降臨在「幸運兒」頭上的偶然事情。而成功者都是忙於勤奮的人，他們從來都不靠運氣的降臨，只是忙於解決問題，忙於把事情做好。

2. 失敗是磨礪人生的試金石

一個屢屢失意的年輕人千里迢迢來到普濟寺，慕名尋到老僧釋圓，沮喪地對他說：「人生總不如意，活著也是苟且，有什麼意思呢？」

釋圓靜靜聽著年輕人的嘆息和絮叨，末了才吩咐小和尚說：「施主遠道而來，燒一壺溫水送過來。」

稍後，小和尚送來了一壺溫水，釋圓抓了茶葉放進杯子，然後用溫水沏了，放在茶几上，微笑著請年輕人喝茶。杯子冒出微微的水氣，茶葉靜靜浮著。年輕人不解地詢問：「寶剎怎麼用溫茶？」

釋圓笑而不語。年輕人喝一口細品，不由搖搖頭：「一點茶香都沒有呢。」釋圓說：「這可是閩地名茶鐵觀音啊。」年輕人又端起杯子品嘗，然後肯定地說：「真的沒有一絲茶香。」

釋圓又吩咐小和尚：「再去燒一壺沸水送過來。」稍後，小和尚便提著一壺冒著濃濃蒸氣的沸水進來。釋圓起身，又取過一個杯子，放茶葉，倒沸水，再放在茶几上。年輕人俯首看去，茶葉在杯子裡上下沉浮，絲絲清香不絕如縷，望而生津的年輕人想要去端杯，釋圓擋開，又提起水壺注入一線沸水。茶葉翻騰得更厲害了，一縷更醇厚更醉人的茶香裊裊升騰，在禪房瀰漫開來。釋圓一共注了五次水，杯子終於滿了，那綠綠的一杯茶水，端在手上清香撲鼻，入口沁人心脾。

釋圓笑著問：「施主可知道，同是鐵觀音，為什麼茶味相差這麼大嗎？」

年輕人思考著說：「一杯用溫水，一杯用沸水，沖沏的水不同。」釋圓點頭：「用水不同，茶葉的沉浮就不一樣。溫水沏茶，茶葉輕浮水上，怎會散發清香？沸水沏茶，反覆幾次，茶葉沉沉浮浮，才能釋放出茶的清香。世間芸芸眾生，又何嘗不是沉浮的茶葉呢？那些不經風雨的人，就像溫水沏的茶葉，只在生活表面漂浮，根本浸泡不出生命的芳香；而那些櫛風沐雨的人，如被沸水沖沏的茶，在滄桑歲月裡幾度沉浮，才有那沁人的清香啊。」

浮生若茶，我們何嘗不是一撮生命的清茶？命運又何嘗不是一壺溫水或滾燙的沸水呢？茶葉因為沉浮才釋放了本身的清香，而生命，也只有遭遇一次次挫折和坎坷，才激發出人生那脈脈幽香。

任何人的一生都要經歷失敗，不管你向前走的路有多少人在幫你，有多少的能力讓你盡情發揮，有多少的物質與精神的幫助，更不管別人說你是多麼順利、多麼容易、多少成功，你的心裡知道有失敗的痛苦，以及失敗後才有的成功的滋味。因為，人總有七情六慾，人有情商，總有對世事不滿意的地方，這些地方從小的方面來看，就是一種無法讓你快樂的失敗。

其實，人生的路上，總有人衝在前面，也總有人會落後。不管是成功與失敗，人的態度百千種，有的人面對失敗勇往直前，不管向前走的路是多麼艱難，總是有人不顧一切地走在前面，把失敗看成是下一次成功的基礎，因而，為了獲得成功，你必須知道失敗的原因，必須執著於你正在做的事，喜歡並相信你正在做的事是有意義，是能夠成功的。

同樣的道理，肯定就有人害怕失敗，在失敗面前哭泣，失去信心，不敢面對自己和他人，不敢堅持自己所在進行的事業，只看到眼前的困難，這樣的人看不到明天。其實，過去的失敗才可能讓我們清楚的知道，曾在哪裡跌倒過，為什麼跌倒，找出原因才能走後面的路。

西元 1892 年夏季，暴風雨席捲了美國密蘇里平原，肆虐的洪水沖毀了公路、莊稼和農舍，許多人無家可歸。一個瘦弱的小男孩穿著布滿補丁的破爛衣服，站在農舍外圍的高坡上，眼睜睜地看著棕色的河水洶湧而來，漫過河堤，席捲了農田。

洪水捲走了一家人所有的希望，父親扶著欄杆俯身呆望著橋下滾滾的河水，沒有說話，眼淚簌簌地流了下來。小男孩緊緊地抱住父親的大腿，似乎要給父親鼓勵和力量。父親終於重新上路。

不久後的一天，一位演說者到了瓦倫斯堡的集會上演講，演說者雄辯的技巧、扣人心弦的故事深深地影響了男孩。從那一刻起，他發誓要當一名演說家。然而，笨拙的外表、破爛的衣服和少了一根食指的左手卻總是讓他在以後很長一段時間裡都感覺非常自卑。

有一次，已經是一名師範院校學生的他穿著那件破夾克剛走到臺上，就有人喊了一聲：「我愛你，破夾克先生！」大家笑成了一團。還有一次，他講著講著竟忘了詞，在人們的口哨聲中，他汗流滿面地站在那裡，尷尬至極。

連續十二次演講的失敗讓他心灰意冷，他甚至對自己的能力產生了懷疑。又一次的比賽結束後，他拖著疲憊的身子往家走，路過一座橋時，他停了下來，久久地望著下面的河水。

「孩子，為什麼不再試一次呢？」不知何時，父親已經站在他身後，正微笑看著他，眼裡充滿著信任與鼓勵。像十二年前的那個午後一樣，站在小橋上的父子倆又一次緊緊地擁抱在一起。

接下來的兩年裡，他一直努力著。1906 年，這個年輕人以「童年的記憶」為題發表演說，獲得了勒伯第青年演說家獎，那一天，他嘗到了成功的喜悅。他就是被譽為「20 世紀最偉大的人生導師和成人教育大師」的戴爾·卡內基。

三十年後，戴爾·卡內基成為美國歷史上最著名的心理學家和人際關係學家，他的《成功之路》系列叢書創下了世界圖書銷售之最，在他去世後的許多年裡，在世界的各個角落，人們仍在以不同的方式不斷地提起他的名字。幾乎所有的美國人都喜歡用這句「為什麼不再試一次呢？」去鼓勵自己的孩子們。是啊，失敗並不可怕，可怕的是自己沒有承擔失敗的決心和信心。戴爾·卡內基用自己的行動印證了偉大的思想家那句話:「世上沒有所謂的失敗，除非你不再嘗試。」他富有傳奇色彩的一生讓人在感慨的同時，也帶給了我們深深的思考，許多時候，面對挫折與失敗，或許我們也該對自己說這樣一句話：為什麼不再試一次呢？

所以，面對失敗的態度很重要，不要怕失敗。愛迪生猜想他發明電燈時，共做了一萬次以上的實驗。他成功地發現許多方法行不通，但還是繼續做直到發現了一種可行的方法為止。他證實了大射手與小射手之間的唯一差別：大射手只是一位繼續射擊的小射手。他說：我只是排除了兩千種可能性，因而縮小了可以成功的範圍。雖然一次的失敗，便足以使多次的成功毀於一旦，而多次的失敗，卻可能是另一次成功的契機。許多遭受重大挫折而屹立不倒的人，無不善於從失敗中總結成功的經驗。

心理學家做過一個試驗：將一隻飢餓的鱷魚和一些小魚放在水族箱的兩端，中間用透明的玻璃板隔開。透明的玻璃板是用特殊材料製成的，使鱷魚撞不破這道由玻璃構成的牆，又能讓鱷魚看到小魚，小魚也能看到鱷魚。

剛開始，鱷魚毫不猶豫地向小魚發動進攻，而小魚也害怕得四處亂躲，看起來就像在真正的海裡，那種物競天擇的場面。但是，牠失敗了，鱷魚雖然很吃驚，但毫不氣餒。牠用自己簡單的思維，接著又向小魚發動了第二次更猛烈的攻擊，當然，牠肯定又失敗了，並且這次還受了重傷。休息一會兒後，牠仍然展開猛烈的攻擊，就這樣，第三次、第四次……，多次攻擊無望後，牠不再進攻。

這時，心理學家將擋板拿開，鱷魚仍然一動不動，牠認為這是一道攻不破的牆，不再徒費力氣，就習慣地待著。只是無望地看著那些小魚在牠的眼底下悠閒地游來游去，放棄了所有努力，最終活活餓死。

可能，有的人看到這個故事後，會在心中嘲笑鱷魚的愚蠢與懦弱，簡直跟傻瓜一樣。其實，許多時候，當挫折接踵而至，當失敗如影隨形，當屋漏偏逢連夜雨，當禍從天降的時候，現實生活中的很多人，不也如同鱷魚一般，不再去碰撞，放棄所有的努力，靜靜聽命運的安排嗎？

其實，失敗往往比成功更能增長經驗，成功和失敗是密不可分的，沒有失敗的總結就不會獲得成功，可以說，世界上所有成功的人士都會經歷失敗。失敗是成功過程的一環，失敗後的努力能讓你取得真正的進步，關鍵是在於你面對失敗是放棄還是勇往直前，如果你堅信自己不畏艱難，愈鬥愈勇，總有一天成功會如期而至。而那些被失敗的陰影所籠罩，從此陷入泥潭不能自拔，以致心灰意冷甚至畏縮不前，不敢再有所嘗試的人來說，成功的果實始終離他們很遙遠。

世事貴在過程，失敗也是過程的一種，成功也是一種，只是成功需要失敗的考驗。人有鋼鐵般的意志，除非你放棄，否則你永遠不會被打垮。所以，不要因為失敗而變成一個懦夫，一個放棄希望的人，當你使盡了最大的努力還是沒有成功時，不要放棄，只要總結失敗的原因再開始，從頭再來。

在蘇格蘭國土上，有一位勇敢善戰的國王。那位國王曾六次帶領他的軍隊和入侵的敵軍作戰。可是由於策略戰術不當，國王六次都以失敗告終。他帶領的一支軍隊，被打得人馬四散，潰不成軍，最後連他自己也沒有隱身之處。他絕望地想：完了，這下子恐怕是再也沒有挽救的希望了。

正當他靠著柱子痛苦、絕望，然後，他把頭仰靠在柱子上，他便望見柱子上，有一隻小小的蜘蛛正在拉絲結網。國王失神地、呆呆地就望著那個蜘蛛，就這樣望著，望著。

那蜘蛛從這一端爬到另一端，眼看著將絲掛上，一陣風吹來，絲斷了！蜘蛛只能回去，再次拉絲、結網，眼看著又一根絲已經掛住了，一隻麻雀跳上跳下，一震動那絲又斷了。國王喃喃自語：「可憐的小蜘蛛啊，你也像我一樣失敗了！」可是，再看看那蜘蛛呢，牠並沒有停止拉絲結網。最後，一張完好的蜘蛛網總算結成了。

國王看著看著，驚叫起來：「一隻小小的蜘蛛都不怕多次失敗，最後終於成功，何況人呢？」國王得到蜘蛛的啟示，滿面愁容一掃而光。經過再一次的努力，國王的人馬又集合起來了。經過一番訓練，再次出征，這一回終於打了一次決定性的大勝仗。

六次失敗讓國王失去了信心，他的恐慌一步一步加深，這樣的失敗讓他不知所措，然而他始終是一個不屈於失敗的人，看到蜘蛛結網受到啟發，於是再次出發，最終取得了勝利。這就是勇往直前之人不屈的精神，如果一個人面對失敗從內心放棄了，再多的道理，給予他再多的努力也是白費。所以，面對失敗的時候首先要調整自己的心態，要明白世間每個人都要經歷失敗，成功不是那麼輕易的事。

所以，面對困難要沉著應對，只是著急是沒用的，要知道失敗並不可怕，有可能你正做的是一個永遠不能完成的任務，也要培養一顆不怕失敗勇往直前的決心。當經過確確實實的努力後，以其他途徑再去取得成功也未嘗不可。可怕的是沒有面對失敗的勇氣。真正有實力的選手，還會懼怕什麼呢？讓我們不要害怕失敗，以勇往直前的決心，取得屬於你的成功。

人生路何其漫漫，一路走來會發生多少事情，每一個偶然都可能導致必然的結果，每一個選擇都會給自己的人生帶來惡果，因此，每個人應該在人生路上不斷總結不斷歸納，讓自己的每一步都走得穩健而有力，但是，人有千差萬別，有的人不怕困難，勇敢前進，有的人承認失敗，勇於承擔，有的人明知錯了卻不悔改的，堅決不回頭，有的人卻勇於承認錯誤，有回頭的氣魄。

其實，前路莫測，人生的道路上挫折不斷，總有錯誤的時候，回頭未必不是最好的選擇。

3. 改變想法，再試一次

向別人提出使你迷惑不解的問題，會使你獲得豐厚的報酬。這種方式曾經導致了世界最偉大的科學發現之一。

從前一個年輕的英國人在他的農場裡度假休息，他仰臥在一棵蘋果樹下思考問題，這時，一隻蘋果落到了地上。這個年輕人是一位學習高等數學的學生。

「蘋果為什麼會落到地上呢？」他問他自己。地球會吸引蘋果嗎？蘋果會吸引地球嗎？它們會互相吸引嗎？這裡面包含著什麼樣的普遍原理呢？

這位年輕人就是牛頓。他用思考的力量，獲得了一項極其重要的發現。從心理上進行觀察就是思考。透過思考，他找到了答案：地球和蘋果互相吸引，物質吸引物質的定律可以適用於整個宇宙。

牛頓因此發現了萬有引力。

牛頓是向他自己提出問題，另一個人卻向專家徵求建議。但他們都成功了。

有這麼一個有趣的事情：

在美國工商管理學院的入學能力測試 GMAT 考試中，其中的文法考試有一個特點，就是主動語態和被動語態的對錯考試。在一般的英語語法中，主動語態和被動語態都被認為是正確的表達，但在 GMAT 考試中，假如一句話能用主動語態來表達而用了被動語態，就算是絕對的錯誤。比如說「作業被我做完了」一定要說成「我把作業做完了」才對。只有當找不到主動者時才能用被動語態，如窗戶破了但又不知道是誰打破的，才能說「窗戶被打破了」。這種考試中對主、被動語態的敏感區別，背後隱藏了一個重大的命題，那就是對參加考試的人面對所發生的事情是用主動思維還是用被動思維的區別。

一個習慣於被動思維的人會不自覺地用被動的方式來回答問題，而一個擁有主動思維的人則隨時主動地解決問題。進入工商管理學院的學生，畢業後都要進入各大公司或機構做管理工作，管理工作中最重要的素質之一就是要有主動溝通、協調、解決問題的能力。凡是擁有主動心態的人，都比較容易成為出色的管理者。所以 GMAT 考的不是純粹的語法問題，而是在語法背後隱藏的一個人的心態問題。

應把困難當作機遇。戴高樂曾經說過：「困難，特別吸引堅強的人。因為他只有在擁抱困難時，才會真正認識自己。」這句話一點也沒錯。

你自己努力過嗎？你願意發揮你的能力嗎？對於你所遭遇的困難，你願意努力去嘗試，而且不止一次地嘗試嗎？只試一次是絕對不夠的，需要多次嘗試。那樣你會發現自己心中蘊藏著巨大能量。許多人之所以失敗只是因為未能竭盡所能去嘗試，而這些努力正是成功的必備條件。仔細檢視列出的失敗清單，觀察檢討看看，過去你是否已竭盡所能，努力爭取勝利！如果答案是否定的話，試試克服困難的第二個重要步驟：學會真正思考，認真積極地思考。我確信積極思維的力量驚人，任何失敗均能透過正向思維來解決，你能以積極思維來解決任何問題。

有一個 14 歲的男孩在報上看到應徵啟事，正好是適合他的工作。第二天早上，當他準時前往應徵地點時，發現應徵隊伍已排了 20 個男孩。

如果換成另一個意志薄弱、不太聰明的男孩，可能會因為如此而打退堂鼓。但是這個男孩卻完全不一樣。他認為自己可以動腦筋，運用上帝賦予的智慧想辦法解決困難。他不往消極面思考，而是認真用腦子去想，看看是否有辦法解決。於是，一個絕妙方法便產生了！

看，思考多麼有力！積極的思考力量多大！

他拿出一張紙，寫了幾行字。然後走出行列，並要求後面的男孩為他保留位子。他走到負責應徵的女祕書面前，很有禮貌地說：「小姐，請妳把這張便條紙交給老闆，這件事很重要。謝謝妳！」

這位祕書對他的印象很深刻。因為他看起來神情愉悅，文質彬彬。如果是別人，她可能不會放在心上，但是這個男孩不一樣，他有一股強而有力的吸引力，令人難以忘記。所以，她將這張紙交給老闆。

老闆開啟紙條，看後笑笑地交還給祕書，她也把上面的字看了一遍，笑了起來，上面是這樣寫的：

「先生，我是排在第 21 號的男孩。請不要在見到我之前做出任何決定。」

你想他得到這份工作了嗎？你認為呢？像他這樣會思考的男孩無論到什麼地方一定會有所作為。雖然他年紀很輕，但是他知道如何去想，認真思考。他已經有能力在短時間內，抓住問題核心，然後全力解決它，並盡力做好。

實際上，你一生中會遇到很多諸如此類的問題。當你遇到問題時，一旦認真進行思考，便更容易找到解決辦法。

要想克服失敗的思維方式，學會積極性思考非常關鍵。人必須調整心態，直到否定思維轉變成肯定思維為止。

當我還是一個小孩子的時候，學校裡有一位令我難忘的好老師。他常常會突然無緣無故地停下講課，走到黑板前寫下兩個好大好大的字：「不能」。然後轉過頭來，笑問全班同學：

「我們該怎麼辦？」

學生就會高高興興地對他說：「把『不』字去掉。」老師拿起板擦，把「不」字擦掉，「不能」就變成「能」了。我們就需要這樣的教導，我們必須隨時提醒自己，把「不」

字去掉，就只剩下「能」了。這就是我們真正去想的方式，想自己遠離失敗。如果「不能」這個字在心中扎根，就會招致許多煩惱。

如果你常採取一種「不能」的態度，你會驚訝地發現，即使是很成功的事業，也會漸漸衰敗。這就是當消極思想進駐我們內心時所產生的影響。人們要把消極思想所帶來的灰塵汙垢去掉。每天都以清醒的頭腦開始新的一天，這種智慧、清新的思想將會引導你走上成功之路。

讓每天有一個愉快的開始，則一天裡所有的事都會變好。

4. 有時候，慢就是快

一隻經歷坎坷的老貓，悟出了一系列如何成為貓上貓的哲理警訓，經過牠的策畫與教誨，很多貓都出類拔萃地有了建樹。

一隻黑貓找到老貓，牠想超過所有被老貓教導過的貓。老貓想了想說：「要想超過牠們，除非你變成身披鳳羽的貓王，只有這樣你才能一統貓界，獨自為尊。」黑貓大悅，忙問：「如何才能身披鳳羽而成貓王？」老貓告訴牠，只要向南山的鳳凰仙子送上厚禮，鳳凰仙子自然會賜牠一身五彩繽紛的鳳羽。

黑貓害怕老貓再把這個成為貓上貓的方法傳授給別的貓，牠兩拳就將老貓打死。老貓臨死時說：「你會後悔的，只知道成功的方向是遠遠不夠的。」

黑貓準備了 999 隻老鼠，送到了南山。只食五穀從不殺生的鳳凰仙子大怒：「我只收親手耕耘而獲的五穀！」她當即賜給黑貓一身象徵奸詐險惡的羽毛，只給牠留了一隻貓頭。

此時黑貓十分後悔，牠後悔沒有留著老貓為自己成為貓王做更詳細的指導。鳳凰仙子看出了黑貓的心思，她說：「毀掉助你攀升的梯子，注定了你要從攀升中跌落。打死老貓的那一刻，你就已經自毀了前程。」

偉人給年輕人忠告，不要夢想著一夜之間就能功成名就。「千里之行，使於足下」、「滴水穿石」的古訓，千萬要銘刻在心。

你也許會看到，有人即使很有耐心地努力了一輩子也沒有成功過。不過，你倒是可以百分之百確定一點：如果沒有耐心不努力，就絕對不會有收穫。俗話說，欲速則不達。為此，心理學家一再告誡人們：成就某事的動機水平和壓力程度以適度為宜。任何事情都有其規律和順序，人生宏大的目標應當以累積諸多小目標為基礎。成功不是一天造成的，要有耐心才行。

此外，還有許多成功者是大器晚成的人。

北宋大文學家蘇洵年輕時，讀書不努力，糊裡糊塗地混日子，直到 27 歲方有覺悟，於是發奮學習。宋仁宗嘉佑年間，他帶了兒子蘇軾、蘇轍，不遠數千里，從家鄉四川來到京師開封。當時翰林學士歐陽修把他的作品 22 篇呈上朝廷，得到極高的評價。宰相韓琦見他文章寫得好，上奏皇帝，召試舍人院，蘇洵稱病不願應試。後來又任命他為祕書省校書郎。這時他已年過 50 歲了。明朝的李贄，從小家境貧寒，年輕時在顛沛流離中度過，立志著書時已 54 歲了。他的名著《焚書》和《藏書》是在 60 歲後完成的。近代畫壇巨匠齊白石 30 歲才開始學畫，後來成了名揚海內外的大畫家……

這些名人有一個共同的特點：大器晚成。這些人如果沒有足夠的耐心，顯然是無法取得成功的。

如果你想成功，請記住第 5 個忠告：面對成功，要有足夠的耐心。

5. 讓結果檢驗想法和做法

我們常講「失敗乃成功之母」，其實，教訓也可以說是經驗之「母」。成功固有經驗可以總結，失敗也有教訓可以吸取。做一件事情很難一下子成功，往往要經歷多次失敗，從這一點看，教訓總是產生於經驗之前。只有認真地總結吸取教訓，才能力爭成功，得到經驗。無論是國家經濟建設，還是個人生活。不管我們願不願承認教訓，教訓都是客觀存在的，不敢承認教訓的人其實是在迴避。

教訓是對挫折與失敗的理性思考，它告訴我們的是「不該」。吸取教訓，更加理性地分析產生問題的原因。從中尋找出帶有普遍性的規律和特點，可以使我們對客觀事物的認知更加準確深刻。教訓既可以給遭受挫折的人留下避免再次失敗的路標，同時又可以為他人留下前車之鑑。古今中外，有識之士無不從自己或他人的教訓之中，尋找良方，避免重複的失誤，從而獲得成功。從這個意義上講，教訓同樣是一筆可貴的財富。

從失敗中吸取教訓，善待教訓，無疑是智者的選擇。社會發展和科學技術的進步，無不是人們在經歷過一次次失敗與挫折之後吸取教訓的結果；對一個能夠正確面對成敗的人來說，教訓一樣可以使人奮進，激勵自己去不斷打拚進取，使事業愈發有成。相反，不會從失敗中吸取教訓的人，迎接他的將是再一次的失敗。

如果你想有所成就，學會從失敗中吸取教訓。

每一種成功都始於一雙善於發現的眼睛，更始於執著探索的心靈。常常我們感嘆沒有機遇，但許多時候，機遇來臨時並不是敲著鑼打著鼓，而是悄悄從你身邊溜過。有心還是無意，是決定能否抓住機遇的關鍵。

第五章
行動是思想的發動機

空中樓閣是最安全的庇護所，也最容易建造。

—— 易卜生

在生活中至少存在兩種類型的人：一是天天沉浸於幻想中，看不到一點行動的痕跡；二是善於把想法落實到計畫中，成為一個勇於行動的人。你是哪一類人？憑你自己的經歷，你已經找到了答案。

毫無疑問，如果你有一個夢想，或者決定做一件事，那麼，就立刻行動起來。如果你只想不做，是不會有所收穫的。

要知道，100 次心動不如一次行動。

1. 懶惰和懈怠是成功的大敵

世界上有許多不幸的可憐蟲，當機會向他們敲門時，他們卻視而不見，充耳不聞，因為他們正躺在床上睡大覺呢！

機會是不會花費氣力去找尋那些浪費時間、偷懶的人，機會總是落在那些忙得無暇照料自己的人身上。就邏輯而言，機會應該會找那些時間充裕的人，但事實上，機會卻是為那些有夢想和執行計畫的人顯現。我們總以為機會是活的，會動的，它會主動找到那些願意迎接機會的人。事實上，剛好相反，機會是一種想法和觀念，它只存在於那些認清機會的人的心中。

猶太人華勒是某一建築工程公司的執行副總，幾年前他是以一名學徒被這支建築隊應徵進來的。華勒跟其他的學徒不同，他不會滿腹牢騷，抱怨薪資太少。他替每一個人的水壺倒滿水並在工人休息時，圍在他們身邊，聽他們講解有關建築的各項工作。很快，華勒勤奮好學的舉動引起了建築隊長的注意。過了兩週，華勒成了一名計時人員。當上計時人員的華勒依然勤勤懇懇地工作，每天，他總是最早一個到來，晚上最後一個離開。由於他對建築工作有全面的了解，當建築隊的負責人不在時，工人們有不懂的地方總喜歡問他。

一次，負責人看到華勒在日光燈上包上了舊的紅色法蘭絨，以解決施工時沒有足夠的紅燈來照明的困難，負責人決定讓這個既勤懇又能幹的年輕人做自己的助理。由於自己的不斷努力，他當上了公司的副總，但他對工作依然十分專注，從不說閒話，也從不參加到任何紛爭中去。他鼓勵大家學習和運用新知識，還常常畫草圖、擬計畫，向大家提出各種好的建議。只要給他時間，他可以做好客戶要求他做的所有的事。

猶太人華勒只是一個窮苦的孩子，一個普普通通的學徒，並沒有什麼驚世駭俗的才華，但是靠著自己的勤奮，他幸運地被賞識，並一步一步地成長。沒有什麼比這樣的故事更讓人心靈震撼了，也沒有什麼比它更能洗滌我們被享樂和功利汙染的心靈了。它告訴我們，要想在這個時代脫穎而出，你就必須付出比以往任何時代更多的勤奮和努力，擁有奮發向上、積極進取的心，否則你會逐步走向平庸，最後變成一個毫無價值和沒有出路的人。

所以，無論你現在所從事的是怎樣一種工作，不管你是一個菁英，還是一個建築工人，只要你勤勤懇懇地努力工作，你就會被老闆賞識，就會走向成功。

美國歷史上有許多感人肺腑、催人淚下的故事，主角確定了偉大的人生目標，儘管在前進中遭遇了種種艱難險阻，但他們以堅韌的意志力最終克服了一切困難，獲得了成功。

失敗者的藉口通常是：「我沒有機會！」他們將失敗理由歸究為沒有人垂青他們，好職位總是讓人捷足先登。而那些意志力堅強的人絕不會找這樣的藉口，他們不等待機會，也不依靠親友們，而是靠自己的努力去創造機會。他們深知唯有自己才能拯救自己。在取得了一次戰役勝利後，有人問亞歷山大是否等待下一次機會，再去進攻另一座城市，亞歷山大聽後竟大發雷霆：「機會？機會是靠我們自己創造出來的。」不斷地創造機會，正是亞歷山大之成為歷史上最偉大帝王的原因，也唯有不斷創造機會的人，才能建立轟轟烈烈的豐功偉業。

做任何事情總是等待機會是極其危險的。一切努力都可能因等待機會而付諸東流，最終也不可得。只要我們永不懈怠，善求於勤，就一定能在艱苦的勞動中找到機會，在事業上取得偉大成就。

有一個著名的猶太化學家，小學時成績非常差，周圍的人都認為他將來不會有出息，但他靠著勤奮努力，終於他成為了偉大的化學家。

季辛吉（Henry Kissinger）是一個遭受納粹迫害的猶太難民，因沒有錢上高中，曾在牙刷工廠勤工儉學，還是二等兵。後來，他透過自身的努力，終於成為哈佛大學的教授，並當上了美國的國務卿，還獲諾貝爾和平獎，被人稱為「超人」。

他們獲得了成功是因為他們有實力，但是他們的實力是透過努力換來的。大家都知道，機會非常重要，是成功的必不可少的因素。也就是說，沒有機會，即使一個人再有才華，也不一定能取得成功。然而，沒有實力，即使一個個好的機會出現在身邊，也不一定能夠把它抓住。

人性本身是放縱、散漫的，對目標的堅持、時間的控制做得不好，事情不能按時間完成。如果拖延已開始影響工作的品質時，就會蛻變成一種自我怠墮的形式。

當你肆意拖延某個專案、花時間來削大把大把的鉛筆，或者計劃「一旦……」就開始某項工程時，你就為自我怠惰落下基石。巧妙的藉口，或有意忙些瑣事來逃避某項任務，只能使人在這種壞習慣中愈陷愈深。今日不清，必然累積，累積就拖延，拖延必墮落、頹廢。延遲需要做的事情，會浪費工作時間，也會造成不必要的工作壓力。

猶太人都知道商場就是戰場，工作就如同戰鬥。要想在商場上立於不敗之地，就必須擁有一支能戰鬥的、高效的團隊。傑出猶太人認為那些做事拖延的人。是不可能做出太大成就的。拖延是一種很壞的工作習慣。有些人可以在健身房、酒吧或購物中心待上好幾個小時而沒有一點倦意。但是，看看他們上班的模樣：無精打采，抱怨連天。以這樣的精神狀態去上班，只會感覺工作壓力越來越大。

為什麼有的人如此善於找藉口，卻不能把工作做好，這的確是一件非常奇怪的事。因為不論他們用多少方法來逃避責任，該做的事，還是得做。而拖延是一種相當累人的折磨，隨著期限的迫近，工作的壓力會越來越大，這會讓人覺得更加疲憊不堪。

拖延是因為人的惰性在作怪，每當自己要付出勞動時，或要作出抉擇時，我們總會為自己找出一些藉口來安慰自己，總想讓自己輕鬆些、舒服些。有些人能在瞬間果斷地戰勝惰性，積極主動地面對挑戰；有些人卻深陷於泥潭，被主動和惰性拉來拉去，不知所措，無法定奪。時間就這樣一分一秒地浪費了。

人們都有這樣的經歷，清晨鬧鐘將你從睡夢中驚醒，想著自己所訂的計畫，同時卻感受著被窩裡的溫暖，一邊不斷地對自己說：該起床了，一邊又不斷地給自己尋找藉口——再等一會兒。於是，在忐忑不安之中，又躺了五分鐘，甚至十分鐘……

一位成功的猶太商人講述了對他人生影響很大的一件事，這件事發生在他年幼時。

有一天，他到外面去玩耍，路經一棵大樹的時候，突然有個東西落在了他的頭上。他伸手一抓，原來是個鳥巢。他也沒仔細看，就把它扔在了地上。

鳥巢掉在了地上，從裡面滾出了一隻嗷嗷待哺的小麻雀。他很喜歡牠，於是撿起了鳥巢，把牠放了進去，一起帶回了家。

他回到家，走到門口，忽然想起了媽媽的話：不能把小動物養在家裡。所以，他輕輕地把小麻雀放在門後，快速走向裡屋，請求媽媽的允許。

在他的一再要求下，媽媽破例答應了兒子的請求。他高興地跑到門後，沒想到，小麻雀已經不見了。在不遠處，一隻黑貓舔著嘴巴，嘴角邊有鳥的羽毛。他為此難過了好長一段時間。

從這件事中，他得到了一個很大的教訓：只要是自己認為對的事情，必須馬上付諸行動，絕不可優柔寡斷。不能決定的人，固然沒有做錯事的機會，但也失去了成功的機運。

很多人並不喜歡自己的工作，僅僅是為了生計而需要它，又沒什麼機會可以選擇新的工作，這時候許多人的態度是——混。

我們先來看一個美國作家的故事。

在一個明朗的下午，這位作家去逛紐約的第五大道，突然想起自己的襪子破了，需要買雙新的短襪，至於買什麼款式，作家覺得那是無關緊要的。他看到第一家襪子店就走了進去，一個不到17歲的少年店員迎面向他走來，詢問道：「先生，您要什麼？」

「我想買雙短襪。」

作家看到這位少年眼睛閃著光芒，話語裡含著激情，「您是否知道您來到的是世界上最好的店？」作家一愣，發覺自己從來就沒有思考過這問題，因為他的需求僅僅是一雙短襪，走進這家商店純粹就是一種偶然。

少年從一個個貨架上拖下一個盒子，把裡面的襪子展現在作家的面前，讓他欣賞。「等等，我只買一雙！」作家有意提醒他。「這我知道，」少年說，「我想讓您看看這些襪子有多美，多漂亮，真是好看極了！」

少年的臉上洋溢著莊嚴和神聖的狂喜，像是在向作家啟示他所信奉的宗教的玄理。作家立刻升起了對這個少年的興趣，把買襪子的事情拋於腦後。作家略微猶豫了一下，然後對那個少年說：「我的朋友，如果你能一直保持這樣的熱情，如果這份熱情不只是為了得到一個工作，如果你能天天如此，把這種熱情和激情保持下去，不到十年，你會成為美國的短襪大王。」

大多數人都是厭惡工作的，除了工作的前三天能夠給他們帶來從未經歷過的新鮮感覺之外，他們可能從來就沒有真正工作過。尤其像這種賣襪子的職業，更是讓我們大多數人倒胃口，就別提產生什麼長久的關注與熱情了。連熱情都失去了，還怎麼可能有所成就呢？

英國哲學家羅素（Bertrand Arthur William Russell）說過：「在現實生活中，建設性勞動的快樂是少數人特有的享受，然而這少數人數字並不少。任何人，只要他是自己工作的主人，他就能夠感受到這一點。其他所有認為自己工作有益且需要相當技巧的人均有同感。沒有了自尊就不可能有真正的幸福，而對自己的工作引以為恥的人是沒有自尊可言的。」

時間無限，生命有限。在有限的生命裡懂得把時間拉長的人，就擁有了更多做事情的本錢。

人的生命是有限的。以現在人均壽命 70 歲計算，人一生有 60 多萬個小時，即使除去休息時間也有 35 萬多個小時。而一生的時間是不斷減少的，但是人對實際時間的利用和發揮是不一樣的，因而實際生命的長短也是不一樣的。所以對於擠時間的人來說，時間卻又是在不斷增加的，甚至是成倍地增加。

時間像是海綿，要靠一點一點地擠；時間更像邊角料，要學會合理利用，一點一滴地累積，會得到長長的時間。

卡爾是魯索的鋼琴教師。有一天，他在上課的時候忽然問魯索每天要花多少時間練琴。魯索說大約三四個小時。

「你每次練習，時間都很長嗎？」

「我想這樣才好。」魯索回答。

「不，不要這樣。」卡爾說：「你長大以後，不會每天都有長時間空閒的。你可以養成習慣，一有空閒就幾分鐘幾分鐘地練習。比如在你上學以前，或在午飯以後，或在休息閒暇，五分鐘、十分鐘地去練習。把小的練習時間分散在一天裡面，如此彈鋼琴就成了你日常生活的一部分了。」

當魯索在哥倫比亞大學教書的時候，他想兼職從事創作。可是上課、閱卷、開會等事情把他白天和晚上的時間完全占滿了。差不多有兩個年頭魯索一字未動，他的藉口是沒有時間。這時，魯索才想起了卡爾告訴他的話。

到了下個星期，魯索就開始實踐。只要有五分鐘的空閒時間，他就坐下來寫作一百字或短短幾行。

出乎意料之外，在那個星期結束後，魯索竟累積相當多的稿子。

後來魯索用同樣的方法積少成多，創作長篇小說。他的授課工作雖然十分繁重，但是每天仍有許多可以利用的短短餘暇。魯索同時還練習鋼琴。他發現每天短短的間歇時間，足夠他從事創作與彈琴兩項工作。

卡爾對於魯索的一生有極其重大的影響。因為他的出現，魯索發現如果能充分利用極短的時間，就能積少成多地供給你所需要的長時間。

利用短時間，其中有一個訣竅——你要把工作進行得迅速，事前思想上要有所準備，到了工作時間來臨的時候，立即把心神集中在工作上。

2. 不能紙上談兵

你所付出的必然會為你帶來回報。想想種植小麥的農夫吧，種植一株小麥可收成許多，儘管有些小麥不會發芽。但無論農夫面臨什麼樣的困難，他的收成必定多出他所種植的好幾倍。不要眼光短淺，心胸狹窄，無論什麼時候，盡你所能付出一切，這必定有助於你的成功。

傳說，以前有個男人迷失於沙漠裡，因天氣酷熱難耐，快要渴死了。他搖搖晃晃地四處摸索，終於找到一間廢棄的屋子。這屋子飽受風霜，門窗已蕩然無存，但門外有一個抽取地下水的泵。他喜出望外，蹣跚地走過去，拚命抽動那個泵，但出水口還是沒有。失望之餘，他發現泵頂上有一瓶子，瓶口塞著木塞，瓶身則寫著：「朋友，你要先把這瓶水灌進出水口，泵才能有水。還有，你走之前請把瓶子灌滿。」他抽開木塞，看到瓶內果然有水。

他該不該孤注一擲，把瓶內水灌進出水口？灌進後又抽不出水怎麼辦？這豈不是死路一條嗎？如果他把那瓶水喝光，起碼能暫時保住生命，免受渴死之苦。既然這樣，他幹嘛要聽瓶身上所寫的指示，冒險把水灌進出水口？

但不知如何，他竟然遵照指示去做，然後，拚命地抽動那個水泵。瓶上的指示所言不假，地下水果然自出水口源源不斷地噴出！於是，他喝了個痛快，然後把瓶子灌滿，加上木塞，並在瓶身加上這麼一句話：「上面的指示是千真萬確的。你必須付出一切才能有所回報。」

這種情形同樣也適用於你所提供的各種服務。如果你付出價值 100 元的服務，你不但能回收這 100 元，而且可能會回收好幾倍，而到底能回收多少，就要看你是否抱持著正確的心態了。

湯瑪斯·愛迪生做過一萬多次的實驗。在每次失敗之後，他都能不斷地去尋求更多更新的東西，直到找到了他要尋找的東西。當他不知的東西變成已知的東西時，無數的燈泡就被製造出來了。

在萊特兄弟之前，許多發明家已經非常接近發明飛機了。萊特兄弟除了應用別人用過的同樣原理外，還加上了更多的東西。他們創造了一種新型的機體，所以在別人失敗了的地方，他們卻成功了。那「更多的東西」是相當簡單的：

他們把特別設計的可動的襟翼附加到翼邊，使得飛行員能控制機翼，保持飛機平衡。這些襟翼是現代飛機副翼的先驅。

這些成功的故事都有一個共同點。就是應用了先前未被應用的普遍規律。這個規律的應用就是成功與失敗的差別所在。所以，如果你站在成功的門檻上而不能越過，你就努力加上更多的東西。「更多的東西」並非需要很多。在別人失敗後，襟翼就是使飛機得以起飛的東西。

「更多的東西的數量」並不是重要的，而「激勵人的質量」才是發揮作用的。

大膽地邁開第一步，不要怕前面有什麼，堅持走下去，你就一定能夠成功。

3. 成大事者必當機立斷

人有很多事不能選擇，譬如來到這個世上，譬如生在何等人家，其餘的大多數事情是可以自己作決定，但由於時間無情，很多事情不會等你弄清來龍去脈才做出決定，時間一分一秒過，如果不果斷作出抉擇，該如何做？是做，不做，都在你的意念之間，不然你會失去機會，會導致失敗，也或許造成一生的遺憾，所以，當決不決是為大患。

當然，果斷有別於武斷，有別於盲目，果斷與知識、見識和膽識緊密連繫著，沒有知識的果斷是武斷，沒有見識的果斷是盲目，而沒有膽識，即使有知識、有見識卻並不一定能達到果斷的結果，也可能斷送在前怕狼後怕虎的情況裡。果斷的背後是一種穩重和妥善的思考，是對自己判斷的自信，是對突發事件的處理。

果斷的能力不是一天兩天就能培養，它是一個人長期的知識的累積，經驗的總結才能處事不驚，達到果斷的效果。一般來說，有危機意識的人，通常都很果斷，對事情的處理常常令人驚嘆，這也的確是各種人生智慧凝聚的結果，譬如你進入一個陌生房間的時候，首先要考慮什麼時間出去和如何出去，而不是房間裡有什麼你感興趣的物品，那些能成大事者都有這個特點，一旦遇上什麼突發事件，其內心馬上就會產生對此事件進行控制的企圖和衝動，並就事態發展做出快速的反應，無論事態發展到哪一步，都有冷靜的應對方案。

猶豫不決的情形恐怕是人人都有的，不過有的人決定得快且正確些；有的人猶豫的時間久，而決定得又不正確。這就看你是否有足夠的判斷力和應有的擔當。有的人判斷力很好，一件事，往往第一眼就看出了它的癥結所在。然而，到了決定階段，卻一直猶豫，而且往往推翻了自己先前的判斷，採用了那些自己原來認為不正確的。這就是因為缺少一份應有的自信，或者我們叫它「擔當」。

果斷不是任何人都能做到的，在時間緊迫之下，來不及請示，來不及辨別消息的真假，就必須做出決定，一個決定承擔太多的利益與生命，當決不決會造成不可估量的後果，這對於一般人來說是多麼困難的事，但是不做決定也不行，所以，果斷的後果需要做出決定者來勇於承擔。果斷可以使自己的決定堅定不變，擔當可以消除患得患失的痛苦，後悔卻是對自己的懲罰，與其後悔不如改過立刻給自己找一個新的起點，從頭做起！

如果想要使你意志堅強，夠自信，最好的辦法就是拿出膽量去做那些你認為沒有確實把握的事，世界上有許多做事有成的人，並不一定是因為他比你會做，而僅僅是因為他比你敢做，譬如有些愛情，就是因為懦弱而不敢表白，而錯失了姻緣。偉人就是勇於果斷也勇於承擔責任，有百倍的勇氣勇於直面人生。

當然，沒有主見的人絕對有理由被輕視。每個人都有自己的角色，這些人只適於被支配和利用的地位，他的果斷在這種環境下被扼殺了，所以，對他們也不必心生惻隱，這是每個人自我的價值不一樣所致。不果斷的人也絕不是負責任的人，他們甚至對自己都不願負責，因此，他們的命運永遠都是被別人所掌握。

所以，偉人之所以偉大，不僅僅一切都靠的是機遇，他肯定有別於芸芸眾生的地方。

很多事情似乎大多數的人都能預測一些後果，但是就不能果斷，當需要做出決定的時候，在各式各樣的原因面前退縮了，膽怯了，這樣就只能把自己的生命推向不知明的深淵。他們欠缺的是一份敢為的膽量，一種當決則決和果斷精神，其實，只要認為自己是對的，為什麼不按照自己的意願去做呢？依照自己的判斷去決定自己的行為，不畏首畏尾，患得患失。

事情既決定之後，就不再去猶豫。對已經採納的，不要再去挑剔苛求。對已經放棄的，不要再去試圖挽回，這樣才可以避免後悔。要明白，反正要選擇一條，而這兩條路的利弊也往往不是絕對的。你有所得，就要有所失。只要內心衡量他們的輕重緩急後，選擇一條利多弊少的，就輕裝上陣。

每次決定的時候，總有不同意見，總有人會說三道四，事實證明，誰能抓住機遇，當決則決處事果斷，就能開啟新天地，利於自己更造福社會，反之，就會延誤時機。

所有的災難並不都是空穴來風，如果在事態較小的時候進行適當的控制，往往就能避免，就能挽救國家的利益，如果在緊要關頭不果斷，那麼又是一場浩劫。每個人的想法都不會完全一樣，在這樣危急的時候，決定的人一定要萬分果斷，因為不同意見肯定會對你有影響，在吸收意見的同時，如果看準了，就應該大著膽子去做，思想解放了，膽子才會大，這樣才能控制場面，也能把損失減到最小。

因此，當決則決、處事果斷是我們必須強化的素質，是意志堅強的一個表現，人生之路變化莫測，未知的世界裡，一切都不在我們的掌握之中，但一切都在我們的手裡，不管上天給我們多大的困難，或許有看似不能承受的痛苦，但只要我們走好生命中的每一步，盡量加強自身的涵養，不斷提升完善自己，在困難面前不低頭，勇於選擇勇於承擔，明天的你依然無悔，能夠面對自己的內心，生命就具有自身的價值了。

有這樣一則寓言：一天，風箏和線手牽手在天空中飛翔，風箏越飛越高，看到的風景更多更漂亮，過了一會兒，風箏對線說：「請放開我，我要去看更多的風景。」線勸道說：

「不行啊！我的責任就要牽制你，否則，你就會失去飛翔的自由。」風箏不聽勸告，拚命地擺脫線的束縛，就在線斷後不久，便一頭栽進了無底的深淵。

自由是相對的，如果不把握好應有的限度，誘惑面前缺乏自制力，就會削弱意志力，所以，強化意志需要自我約束。

4. 珍惜每一分鐘

猶太人最早領悟時間的價值，「勿浪費時間」，「時間也是商品」，是猶太人生意經之一。

在這個受金錢支配的社會裡，也許會認為「時間就是金錢」，但是時間遠不止是商品和金錢，時間是生活，是生命。因為金錢是無限的，時間是有限的，用有限的時間去追逐無限的金錢，結果只能受到時間和金錢的雙重壓迫。此外，商品可以再造，錢可以再賺，可是時間是不能重複的。

人最不該白白浪費寶貴的時間，因為人都只能經歷一次時間。而他人的時間，更不可能隨便占用和浪費。時間對於每個人來說是非常寶貴的。對於商人而言，時間就是金錢；要經商，首先就要保證自己擁有充足的時間。

在猶太人看來，時間和商品一樣，是賺錢的資本，可以產生利潤。恰當地把握好時間，就可以使金錢「無中生有」。

一位南非首富，他剛到倫敦時是一個一文不名的窮小子。後來，他帶了 40 箱雪茄到了南非，用雪茄抵押，得到了一些鑽石。經過幾年的打拚，他成了一個富有的鑽石商人。他的營利有週期性的規律，就是每個星期六他能夠獲得更多的利益。因為星期六這天銀行關閉的時間比較早，巴納特可以用空頭支票購買鑽石，然後在星期一銀行開門之前，把鑽石賣出，用所得款項在自己的帳號上存入足夠支付他星期六開出的所有支票。巴納特利用銀行休息的時間，拖延付款，在任何人合法權益沒有受到侵犯的前提下，調動了更多的資金。

在工作中，猶太人絕不會輕易浪費每一秒鐘，一旦規定工作的時間，就嚴格遵守。下班的鈴聲一響，打字員即使只有幾個字就可以打完，他們也會馬上放下手中的工作回家。因為，他們的理由是「在工作時間裡，我沒有浪費一秒鐘的時間，因此屬於我的時間我也不能輕易浪費」。瞧！這就是猶太人的時間觀念。

正是由於這種強烈的時間觀念使他們的工作效率得到了很大的提高，他們嚴格地杜絕各種時間的浪費。他們認為時間和金錢是一樣重要的，無故地浪費時間就是和盜竊別人金櫃裡的金錢一樣是罪惡的事情，猶太人為此計算了浪費時間並由此帶來的經濟損失。一個猶太富商曾做過這樣的計算：他每天的薪資為142美元，那麼每分鐘約17美元，如果他被別人浪費了5分鐘的時間，就相當於自己有85美元被盜竊了。

猶太人的時間既然已經安排，就會嚴格遵照這個時間表進行活動，任何人都不可以打擾他們的計畫，如果誰有什麼重要的事情，必須提前預約，他們才會安排時間，否則，他們是絕不會違背他們的時間安排。

一位年輕人，為了調查市場，前往紐約市，他想有效地運用時間，去當地著名的猶太人商店，拜訪該商店宣傳部主任。

向保全說明來意後，那保全反問：「您事先和他約好了嗎？」

經保全這麼一問，這位年輕人愣在那，他沉思了片刻，便滔滔不絕地說：「我是某商店的員工，此次來這裡是要做一個市場調查，因為我對貴公司仰慕已久，所以來向貴公司的宣傳部主任請教。」

「很抱歉，先生，您不能進去，因為您沒有預約。」

就這樣，他被拒絕了。

這位年輕人的工作作風在以「不要盜竊時間」為原則的猶太人中是行不通的，他們絕不接待未經預約的不速之客，因為在猶太人的思想觀念裡，時間是非常寶貴的，即使一些看來是必要的活動，也會被他們簡單化。比如客人和主人說好了談事情的時間，說好在上午 10 點至 10 點 15 分，那麼規定的時間到了以後，就請自動起身，不管你的事情談完了沒有，都必須離開。猶太人會盡量壓縮會談的時間，通常見面後，他們便直奔主題「今天我們來談談什麼事情……」而不像其他民族，見面後總會說一些客套話，如「今天的天氣不錯」、「你的衣服很漂亮」等，在猶太人看來，說這些話是在浪費時間，根本沒有一點意義，除非他覺得和你客套能從中得到什麼好處，才跟你客套幾句。

有些人覺得猶太人這樣做太沒禮貌了，聊天也是友好的表示！可是猶太人卻說：「你沒有在我們規定的時間內趕到，你已經沒有禮貌了。你和我客套，但是卻沒有給我帶來好處，浪費了我賺錢的時間，你就更沒有禮貌了！說好了只談 10 分鐘，而你在談了 15 分鐘後還沒有停止意思，更是嚴重地浪費了我的寶貴時間，你連最基本的禮貌都沒有了！」

如果你對他們的態度心存不滿，還想說點什麼，他們就會直接告訴你：「商務不優待善意！」

約定時間，就一定要按時到達，即使遲到了一分鐘也是不禮貌。一進辦公室，馬上切人正題，這樣才是禮貌的商人。在規定的時間把話題說完，如果需要，請你事先做好談話的準備，但是既然來了，一定不要浪費對方的時間，這就是禮貌。

商業就是時間的競爭，切勿被隱形的時間殺手所謀害。學會合理有效地安排時間，這樣才能賺取更大的財富。

5. 為夢想插上翅膀

從前，有兩個飢餓的人得到了一位長者的恩賜：一根魚竿和一簍鮮活碩大的魚。其中，一個人要了一簍魚，另一個人要了一根魚竿，於是他們分道揚鑣了。得到魚的人原地就用乾柴搭起篝火煮起魚，他狼吞虎嚥，還沒有嘗出鮮魚的肉香，轉瞬間，連魚帶湯就被他吃了個精光，不久，他便餓死在空空的魚簍旁。另一個人則提著魚竿繼續挨餓，一步步艱難地向海邊走去，可當他已經看到不遠處那片蔚藍色的海洋時，他渾身的最後一點力氣也用完了，他也只能眼巴巴地帶著無盡的遺憾撒手人間。

又有兩個飢餓的人，他們同樣得到了長者恩賜的一根魚竿和一簍魚。只是他們並沒有各奔東西，而是共同去找尋大海，他們每次只煮一條魚，經過遙遠的跋涉，來到了海邊，從此，兩人開始了捕魚為生的日子，幾年後，他們蓋起了房子，有了各自的家庭、子女，有了自己建造的漁船，過上了幸福安康的生活。

一個人只顧眼前的利益，得到的終將是短暫的歡愉；一個人目標高遠，但也要面對現實的生活。

只有把理想和現實結合起來，才有可能成為一個成功之人。有時候，一個簡單的道理，卻足以給人意味深長的生命啟示。

每個人的人生道路不可能是一帆風順的，都會有環境不好、遭遇坎坷、工作辛苦、事業失意的時候，說得更直接一點就是，從我們每個人出生的那一天開始，就被注定了要背負起經歷各種困難折磨的命運。既然是前生注定，今生的苦樂就是難以避免的。做生意順利的時候，就可以賺取很多的錢；一旦遇上逆境時，就要過一段縮衣節食的日子。不夠堅強的人在逆境來臨時，就會匆匆結束這次旅行，提前向命運低頭。而如果我們足夠堅強，就該明白，我們就是為經歷這些逆境而來的。

有人把逆境看作是一種人生挑戰，在外在的壓力之下，他能夠充分發揮自己的能力，對自己的潛力有了新的發現，自身的價值也得到了進一步的肯定。還有一些人好像就是為逆境而生的，一帆風順的時候，他就會提不起精神來，而一旦遇上逆境，有了壓力，他反而精神抖擻。變成了一個新人。

曾有人做過這樣一個試驗，把 100 個人分成兩組，讓第一組的人處在舒適的環境裡，有大轎車接送，可以打橋牌、打高爾夫球、吃西餐，總之，只要是他們需要的，就一定能夠滿足。而第二組卻無論做什麼都遇到了重重障礙。這樣過了 6 個月，第一組的人整天精神疲倦，昏昏欲睡，而第二組的人卻鬥志昂揚，提出了很多新的想法。

逆境也許是社會的一種選擇機制，看你能不能經受逆境的考驗，能夠通過考驗的人就會脫穎而出，走上成功的人生之路。因此，逆境常常成為人生的一個分水嶺，有的人就此銷聲匿跡，有的人從逆境中崛起，其人生和事業就此進入了一個全新的境界。

在兩千多年的漂泊流離生活中，猶太人受盡磨難，一直處在逆境之中。在這些苦難的日子裡，他們學會了忍耐和等待；學會了低調處事做人；學會如何在逆境中生存發展的智慧。

把這種智慧運用到實際的商業活動中，就形成了猶太商人在逆境中發財的生意經。

猶太實業家路德維希·蒙德（Ludwig Mond）學生時代曾在海德堡大學和著名的化學家一起工作，發現了一種從廢鹼中提煉硫磺的方法。後來他去了英國，將這個方法也帶到了那裡，經過一番努力，才找到一家願意同他合作開發的公司，事實證明這種提煉方法是很有價值的。蒙德由此萌發了自己創辦化工企業的念頭。

他買下了一種利用氨水的作用使鹽轉化為碳酸氫鈉的方法，這種方法是他參與發明的，當時不太成熟。蒙德買下一塊地，準備在那建造廠房。同時，為了完善這種方法，他繼續待在實驗室裡做實驗。實驗失敗之後，蒙德乾脆住進了實驗室，日夜不停地工作。經過一段時間的艱苦努力，他終於克服了技術上的難題。

西元 1874 年廠房建成，最初經營狀況很不理想，成本一直都很高，連續幾年企業處於虧損的狀態。同時，當地居民由於擔心大型化工企業會破壞生態平衡，都不願意和他合作。

猶太人不向逆境屈服，這種堅忍的性格幫助了蒙德，他並不灰心，終於在建廠 6 年後的西元 1880 年取得了重大突破，產量增加了 3 倍，成本也降了下來，產品由原先每噸虧損 5 英鎊，變為獲利 1 英鎊。當時，英國的工廠一般都實行 12 小時工作制，工人工作非常辛苦。蒙德做出了一項重大決定，把工人每天工作的時間定為 8 小時。事實證明，他的決定是正確的，原來需要在 12 小時內完成的工作，現在只需要 8 小時就能完成，因為他們的積極性非常高。

這時，工廠周圍居民的態度也發生了轉變，搶著進他的工廠，因為蒙德的企業規定，在這裡工作，可以獲得終身保障，並且當父親退休時，還可以讓兒子來繼承這份工作。

後來，蒙德建立的這家企業成了全世界最大的生產鹼的化工企業。

處於逆境時，一定要忍，但也不能無限度地忍下去，究竟應忍耐到什麼程度，應該什麼時候放棄，也是一種敗中求勝的智慧。

一旦決定在某項事業上投資，我們一定要制定短期、中期和長期投資的三套計畫。短期計畫投入後，即使發現實際情況與事前預測有出入，我們也要毫不動搖，仍積極按照計畫投人資金實施。

經過短期計畫的實施後，儘管沒有事先想像的那麼好，我們依然會把第二套計畫推出來，繼續追加投入，設法將計畫完成。

如果第二套計畫深入進行後還是沒有達到預期的效果，而且又沒有發生好轉的跡象，那麼就應該馬上放棄這宗買賣或投資。

一般人認為，放棄已實施了兩套計畫的事業，不是很可惜嗎？再說，投入的錢也會虧掉。

猶太人卻並不這麼想。雖然生意不盡人意，但沒有留下後患，沒有為未來的工作留下一個爛攤子，長痛不如短痛，這才是明智的選擇。

在經營活動中，猶太人能忍耐的性格是聞名於世的。但是，猶太人的忍耐是有一定前提的，當他們發現做某件事沒有發展前途時，不用說幾個月，就是幾天，猶太人也不會等待下去。

第六章
影響行動的內在

當我在空中建起樓閣，我就不再有悲傷和恐懼。

—— 羅·伯頓

每個人每天都只有二十四小時。

為什麼有的人一生能夠碩果纍纍，而大部分人卻只能勞碌一生。

為什麼有的人做起事來總是不慌不忙，駕輕就熟，而有的人卻總是在四處「救火」。

為什麼有的人每天只做幾件事，卻總是能夠得到最有效的結果，而有的人整天忙個不停，最終卻一事無成……

我們必須知道，是哪些因素影響了我們的生命！

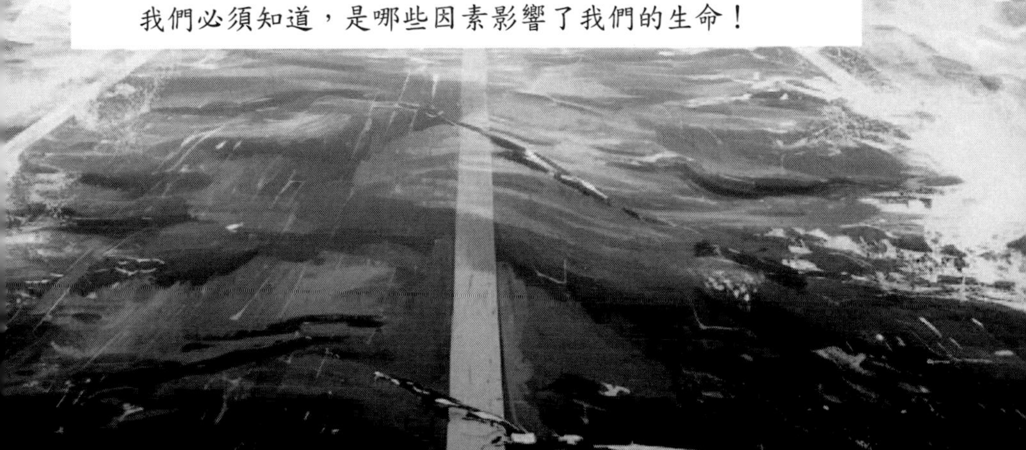

1. 塑造完美自我

一個年輕的大學生在逛集市的時候，看見一位老人擺了個撈魚的攤子，向有意撈魚者提供魚網。撈起來的魚歸撈魚人所有。這個年輕人一時童心大發，蹲下去撈起魚來。他一連撈破了三隻網，一條小魚也未撈到。

見老人瞇著眼看自己的蠢樣，心中似乎暗自竊笑，年輕人便不耐煩地說：「老闆，你這網子做得太薄了，幾乎一碰到水就破，那些魚又怎麼撈得起來呢？」

老人回答說：「年輕人，看你也是唸過書的人，怎麼也不會動腦呢？當你心中生意念想撈起你認為最美的魚時，你打量過你手中所握的魚網是否真有那能耐嗎？追求不是件壞事，但是要懂得了解你自己呀！」

在想與做之間，這是受益一生的智慧……

人生充滿艱難險阻，對每個人來說，它都是一場又一場的戰鬥，面對戰鬥，我們首先要有勝利的勇氣和信心。如果你對自己說我不可能勝利，那麼你注定會失敗，因為你缺乏勝利者的決心。只要你時時想著我一定會勝利，我可以的，並且下定決心去做，失敗就會在你面前遠遠地逃走。

從前人們想像鳥兒一樣飛上藍天，那時這種想法簡直是異想天開，有這種想法的人會被看成瘋子。現在，人類不僅能夠飛上藍天，而且還可以到月亮上漫步。世上沒有什麼不可能的事情，只要你決心去做。

做事情前，我們一般都會憑自己以往的經驗得出結論，經驗雖然寶貴，結論未必正確，尤其是消極的結論，它會對事情造成阻礙作用。很多被認為不可能的事情，常常只存在於我們的想像之中。

美國總統林肯小的時候，就曾經做過一件他父親認為不可能的事情。

林肯的父親在西雅圖以非常低廉的價格買了一座農場，農場裡面有許多石頭，那些大大小小的石頭，看上去非常牢固，彷彿和山緊緊地連在一起。有一天，林肯的母親建議把上面的石頭搬走。父親說：「如果可以搬走的話，主人就不會以這麼低的價格賣給我們了。它們是一座座牢不可動的小山頭。」

那座農場一直保持原樣，直到有一天，父親去城裡辦事情，林肯的母親帶著孩子們來到農場。母親說：「孩子們，讓我們把這些礙事的東西搬走，好嗎？」

「它那麼牢固，這怎麼可能？」林肯的哥哥對母親說。

「孩子，只要我們決心把它們搬開，就沒有什麼不可能的。」於是，林肯和家人一起開始挖石頭。他們只往下挖了一英尺，那些看似生著根的石頭就晃動起來，不長時間，所有的石頭就被清理乾淨了。

林肯的父親和哥哥憑經驗說，把石頭搬走是不可能的事情，但其他的人卻做到了。

「不可能」就像那座農場中的石塊壓在我們心頭，使我們放棄唾手可得的勝利。如果能夠把這些石頭從我們的心頭搬開，那麼就沒有什麼事情做不到了。搬走這些心中的石頭，需要的就是我們的決心。

水溫升到 99 度，還不是沸水，其價值有限。若再添一把火，在 99 度的基礎上再升高 1 度，就會使水沸騰，產生大量水蒸氣來啟動機器，從而獲得巨大的經濟效益。

100 件事情，如果 99 件事情做好了，一件事情未做好，而這一件事有可能對某個人就是百分之百的影響。

我們工作中出現的問題，的確只是一些細節、小事上做得不完全標準，而恰恰是這些細節的不標準，又常常會造成較大影響。對很多事情來說，執行上的一點點差距，往往會導致結果上出現很大的差別。很多執行者工作沒有做標準，甚至相當多人做到了 99%，就差 1%，但就是這點細微的區別使他們在事業上很難取得突破和成功。

從手中溜走 1% 的不合格，到使用者手中就是 100% 的不合格。為此，員工要自覺地由被動管理到主動工作，讓制度規章成為每個員工的自覺行為，把事故消滅在萌芽之中。

某房地產公司的總經理曾回憶：「1987 年，一個與我們公司合作的外資公司的猶太工程師，為了拍專案的全景，本來在樓上就可以拍到，但他硬是徒步走了兩公里爬到一座山上，連周圍的景觀都拍得很清楚。當時我問他為什麼要這麼做。他只回答了一句：『回去董事會成員會向我提問，我要把這整個專案的情況告訴他們才算完成任務，不然就是工作沒做好。』」

這位猶太工程師的個人信條就是：「我要做的事情，不會讓任何人操心。任何事情，只有做到 100% 才是合格，99 分都是不合格。60 分就是半成品。」

因此，要想把事情做到最好，領導者心目中必須有一個很高的標準，不能是一般的標準。在決定事情之前，要進行周密的調查論證，廣泛徵求意見，盡量把可能發生的情況考慮進去，以盡可能避免出現1%的漏洞，直至達到預期效果。

生命中的大事皆由小事累積而成，沒有小事的累積，也就成就不了大事。人們只有了解了這一點，才會開始關注那些以往認為無關緊要的小事，開始培養自己做事一絲不苟的美德，力爭成為深具影響力的人。

做事一絲不苟·意味著對待小事和對待大事一樣謹慎。生命中的許多小事都蘊含著令人不容忽視的道理，那種認為小事可以被忽略、置之不理的想法，正是我們做事不能善始善終的根源，它不僅使工作不完美，生活也不會快樂。

每一位老闆都知道一絲不苟的美德是多麼難得，不良的工作態度總是會在公司四處蔓延，要想找到願意為工作盡心盡力、一絲不苟的員工，是很困難的一件事，因為無論太事、小事都盡心盡力、善始善終的員工十分少見。

一位猶太父親是這樣告誡他的每個孩子的：

「無論未來從事何種工作，一定要全力以赴、一絲不苟。能做到這一點，就不會為自己的前途操心。世界上到處都有散漫粗心的人，只有那些善始善終者是供不應求的。」

在商場上的許多老闆，他們多年來費盡心機地在尋找能夠勝任工作的人。這些老闆所從事的業務並不需要出眾的技巧，而是需要謹慎、盡職盡責的工作。他們聘請了一個又一個員工，卻因為懶惰、能力不足，沒有做好分內之事而頻繁將這些員工解僱。與此同時，社會上眾多失敗者在抱怨現行的法律、社會福利和命運對自己的不公。

猶太人認為，有些人無法培養一絲不苟的工作態度的原因，就在於貪圖享受，好逸惡勞。

個人成功與否在於他是不是什麼都力求做到最好。成功的猶太人無論從事什麼工作絕對不會輕率疏忽。因此，在工作中你應該以最高的規格要求自己。能做到最好，就必須做，能完成 100%，就絕不只做 9%。只要你把工作做得比別人更完美、更快、更準確、更專注，你的全部智慧便能引起他人的關注，實現你心中的願望。

2. 為自己助跑

有一所位於偏遠地區的小學校由於設備不足，每到冬季便要利用老式的燒煤鍋爐來取暖。有個小男孩每天提早來到學校，將鍋爐開啟，好讓老師同學們一進教室就能享受到暖氣。

但有一天，當老師和同學們到達學校時，發現有火舌從教室裡冒出。他們急忙將這個小男孩救出來，但他的下半身已被嚴重灼傷，整個人完全失去了意識，只剩下了一口氣。

送到醫院急救後，小男孩稍微恢復了知覺。他躺在病床上迷迷糊糊地聽到醫生對媽媽說：「這孩子的下半身被火燒得太嚴重了，能活下去的希望實在很渺茫。」

但這勇敢的小男孩不願這樣就被死神帶走，他下定決心要活下來。果然，出乎醫生的意料，他熬過了最關鍵的一刻。但等到危險期過後，他又聽到醫生在跟媽媽竊竊私語：「其實保住性命對這孩子而言不一定是好事。他的下半身遭到嚴重傷害，就算活下去，下半輩子也注定是個殘廢。」

這時小男孩心中又暗暗發誓，他不要做個殘廢，他一定要站起來走路，但不幸的是他的下半身毫無行動能力，兩隻細弱的腿垂在那裡，沒有任何知覺。

出院之後，他媽媽每天為他按摩雙腳，不曾間斷，但仍沒有任何好轉的跡象。即使如此，他想要站起來走路的決心也未曾動搖過。

平時他都以輪椅代步。有一天天氣十分晴朗，媽媽推著他到院子裡呼吸新鮮空氣。他望著燦爛陽光照耀的草地，心中突然有了一個想法。他奮力將身體移開輪椅，然後拖著無力的雙腳在草地上匍匐前進。一步一步，他終於爬到籬笆牆邊，接著他費盡全身力氣，努力地扶著籬笆站了起來。抱著堅定的決心，他每天都扶著籬笆練習走路，一直走到籬笆牆邊出現了一條小路。他心中只有一個目標：努力鍛鍊雙腳。

憑著鋼鐵般的意志，以及每日持續的按摩，他終於能用自己的雙腳站起來，然後走路，甚至能跑步了。

他後來不但走路上學，還能和同學們一起享受跑步的樂趣。到了大學時，他還被選入了田徑隊。

一個被火燒傷下半身的孩子，原本一輩子都無法走路跑步，但憑著他堅強的意志，格倫·坎寧安（Glenn Cunningham）博士，跑出了全世界最好的成績。

愛因斯坦 16 歲那年，由於整天和一群調皮貪玩的孩子在一起，致使自己幾門功課不及格。在一個週末的早上，愛因斯坦正拿著釣魚竿準備和那群孩子一起去釣魚。這時，他的父親拉住了他，心平氣和地對他說：「愛因斯坦，你整日貪玩且功課不及格，我和你的母親都很為你的前途擔憂。」

「沒有什麼可擔憂的，傑克和羅伯特他們也沒有及格，不照樣去釣魚嗎？」

「孩子，話可不能這樣說。」父親充滿關愛地望著愛因斯坦說，「在我們故鄉流傳著這樣一個寓言，我希望你能認真地聽一聽。」

「故事是有兩隻貓在屋頂上玩耍。一不小心，一隻貓抱著另一隻貓掉到了煙囪裡。」

「當兩隻貓從煙囪爬出來時，一隻貓的臉上沾滿了煙黑，而另一隻貓的臉上卻乾乾淨淨。乾淨的貓看見滿臉黑灰的貓，以為自己的臉也又髒又醜，便快步跑到河邊去洗了臉。而黑臉貓看見乾淨的貓，以為自己的臉也是乾淨的，就大搖大擺地到街上閒逛去了。結果，嚇得其他的貓都四下躲避，以為見到了妖怪。

「愛因斯坦，誰也不能成為你的鏡子，只有自己才是自己的鏡子。拿別人做自己的鏡子，天才也會照成傻瓜。」

愛因斯坦聽後，羞愧地放下魚竿，回到了自己的小屋裡。

從此，愛因斯坦時常用自己作為鏡子來審視自己，終於映照出了他人生的璀璨光芒。

我們每個人也要牢牢地把握自己這面鏡子，才能照出我們自己的路。

每個人在某個階段或多或少都會有自卑感。若能採取積極的措施克服自卑感，就能從失敗和絕望中走向成功。

有一天，富蘭克斯對他的同學說：「我準備在我出生的地方開創自己一生中最大的事業，如果創業成功，將對我的一生產生無比重要的意義。但若失敗，我將會失去一切，甚至死亡。」

聽了富蘭克斯的這番話，他的同學感到十分吃驚，為了先安撫他，幫助他放鬆心情，同學委婉地對他說：「並非每件事都能達到自己預期的理想結果。成功和失敗各占 50%。成功固然美好，但即使失敗了，明天的風仍然繼續地吹著，希望依然存在，奮鬥不能停止。」

富蘭克斯聽了同學的話依然愁眉苦臉地說：「我最苦惱的是我始終無法對自己產生信心，確切地說是成功的信心。對於要做的事我沒有把握，也無法相信自己是否能夠成功，但我又非常想做這件事。很多時候在事情尚未開始做之前，我的信心就開始喪失，意志不由自主地消沉。這次也是一樣，雖然覺得此事關係重大，但是信心卻不足。我已經快四十歲了，卻受困於自卑的煩惱，對自己總是持有否定的態度，我怎樣才能對自己產生自信與肯定？」

同學告訴富蘭克斯，有兩個方案可以解決他的問題：第一是探討無力感的來源。當然要找出源頭，必得花費不少的時間分析，找出根源，以科學的態度對待與治療。不過，這不可能立竿見影，需要一個過程。只要認真對待終會解決問題。其二，今天晚上，當你走在街上時，重複默唸一句話，等你回到家後，躺在床上時，反覆說三遍。如果你虔誠地做這件事，你將會獲得足夠的能力面對這個問題。

這句話的內容是：「虔誠的信仰給了我無比的力量，凡事我都能做，而且一定能做好。」

富蘭克斯的同學把這句話寫在一張卡片上送給了他，並請他立刻大聲讀三次。富蘭克斯按照同學的方法認真做了三次。

當富蘭克斯做完，站起身來時，先是靜靜地站在原地，一動也不動，後來帶著激動的表情與口吻著對同學說：「我知道該怎樣做了！」

當同學看到富蘭克斯昂首闊步的身影消失時，儘管那身影仍有些悲傷，但卻是昂首而去的，信仰和自信已在他心中。

後來這位同學激動地說：「這簡易的方法太靈了，簡直令人難以相信，想不到一句話竟能帶給人這麼大的效果！」

之後，富蘭克斯又用科學的方法努力研究和探索自己自卑的原因所在。結果終於去除了長期以來的自卑感。最重要的是，他學會如何擁有信仰，並恪守某些特定的訓誨。他很快擁有了強大、堅定不移的信心。現在任何事情對他都已不再是難以解決的困難了，而是由他操控和安排。他再也沒有原先的悲傷和恐懼。富蘭克斯對生活和事業充滿了信心。

你生來便是一名冠軍，現在無論有什麼障礙和困難處在你的道路上，它們都不及你在成胎時所克服的障礙和困難的十分之一那麼大！讓我們看看庫柏的情況吧。他是美國最受尊敬的法官之一，但這個形象與庫柏年輕時自卑的形象大相逕庭。

庫柏在密蘇里州聖約瑟夫城一個貧民窟裡長大。他的父親是一個移民，以裁縫為生，收入微薄。為了家裡取暖，庫柏常常拿著一個煤桶，到附近的鐵路去撿煤塊。庫柏為必須這樣做而感到困窘。他常常從後街進出，以免被放學的孩子們看見。

但是，那些孩子時常看見他。特別是有一夥孩子常埋伏在庫柏從鐵路回家的路上，襲擊他，以此取樂。他們常把他的煤渣撒遍街上，使他回家時一直流著眼淚。這樣，庫柏總是生活於或多或少的恐懼和自卑的狀態中。

有一件事發生了，這種事在我們打破失敗的生活方式時總是會發生的。庫柏因為讀了一本書，內心受到了鼓舞，從而在生活中採取了積極的行動。這本書是霍瑞修·愛爾傑（Horatio Alger）著的《羅伯特的奮鬥》。

在這本書裡，庫柏讀到了一個像他那樣的少年奮鬥的故事。那個少年遭遇了巨大的不幸，但是他以勇氣和道德的力量戰勝了這些不幸，庫柏也希望具有這種勇氣和力量。

庫柏讀了他所能借到的每一本霍瑞修的書。當他讀書的時候，他就進入了主角的角色。整個冬天他都坐在寒冷的廚房裡閱讀勇敢和成功的故事，不知不覺地吸取了積極的心態。

在庫柏讀了第一本霍瑞修的書之後幾個月，他又到鐵路去挑選煤。他看見三個人影在一間房子的後面飛奔。他最初的想法是轉身就跑，但很快他記起了他所欽佩的書中主角的勇敢精神，於是他把煤桶握得更緊，一直向前大步走去，猶如他是霍瑞修書中的一個英雄。

這是一場惡戰。三個男孩一起衝向庫柏。庫柏丟開鐵桶，堅強地揮動雙臂抵抗，使得這三個恃強凌弱的孩子大吃一驚。庫柏的右手猛擊一個孩子的口唇和鼻子上，左手猛擊這個孩子的胃部。孩子便停止打架，轉身跑了，這也使庫柏大吃一驚。同時，另外兩個孩子正在對他進行拳打腳踢。庫柏設法推走了一個孩子，把另一個打倒，用膝部猛擊他，而且發瘋似地連擊他的胃部和下顎。現在只剩下一個孩子了，他是領袖。他突然襲擊庫柏的頭部。庫柏設法站穩腳跟，把他拖到一邊。這兩個孩子站著，相互凝視了一會兒。

然後，這個領袖一點一點地向後退，也跑了。庫柏撿起一塊煤，丟向那個孩子，這也許是在表示他正義的憤慨。

直到那時庫柏才知道他的鼻子在流血，他的身體由於受到拳打腳踢，已變得青一塊紫一塊了。這是值得的啊！在庫柏的一生中，這一天是一個重大的日子。那時他克服了恐懼。

庫柏並不比一年前強壯了多少，攻擊他的人也並不是不如以前那樣強壯。前後不同的地方在於庫柏自身的心態。他已經不顧恐懼，面對危險。他決定不再聽憑那些恃強淩弱者的擺布。從現在起，他要改變他的世界了，他後來也的確是這樣做的。

庫柏給自己定下了一種身分。當他在街上痛打那三個恃強淩弱者的時候，他並不是身為受驚駭的、營養不良的庫柏在戰鬥，而是身為霍瑞修書中的人物羅伯特那樣的大膽而勇敢的英雄在戰鬥。

把自己視為一個成功的形象，有助於打破自我懷疑和自我失敗的習慣，這種習慣是消極的心態經過若干年在一種性格內逐漸形成的。另一個同等重要的、能幫助你改變世界的成功技巧是：把你視為會激勵你做出正確決定的某一形象。這種形象可以是一條標語、一幅圖畫或者任何別的對你有意義的象徵。

3. 突破生命的格局

許多不公平的經歷，我們是無法逃避的，也是無所選擇的。我們只能接受已經存在的事實並進行自我調整，抗拒不但可能毀了自己的生活，而且也許會使自己精神崩潰。因此，人在無法改變不公和不幸的厄運時，要學會接受它、適應它。

荷蘭阿姆斯特丹有一座十五世紀的教堂遺蹟，裡面有這樣一句讓人過目不忘的題詞：「事必如此，別無選擇。」

命運中總是充滿了不可捉摸的變數，如果它給我們帶來了快樂，當然是很好的，我們也很容易接受。但事情卻往往並非如此，有時，它帶給我們的會是可怕的災難，這時如果我們不能學會接受它，反而讓災難主宰了我們的心靈，那生活就會永遠地失去陽光。

威廉·詹姆斯（William James）曾說：「心甘情願地接受吧！接受事實是克服任何不幸的第一步。」

小時候，漢斯和幾個朋友在密蘇里州的老木屋屋頂上玩，漢斯爬下屋頂時，在窗沿上歇了一會，然後跳下來，他的左食指戴著一枚戒指，往下跳時，戒指勾在釘子上，扯斷了他的手指。

漢斯尖聲大叫，非常驚恐，他想他可能會死掉。但等到手指的傷好，漢斯就再也沒有為它擔心過。他已經接受了不可改變的事實。

新英格蘭的婦女運動名人瑪格麗特·富勒（Margaret Fuller）曾將一句話奉為真理，這句話是：「我接受整個宇宙。」是的，你我也應該能接受不可避免的事實。即使我們不接受命運的安排，也不能改變事實分毫，我們唯一能改變的，只有自己。

成功學大師卡內基也說：「有一次我拒絕接受我遇到的一種不可改變的情況。我像個蠢蛋，不斷做無謂的反抗，結果帶來無眠的夜晚，我把自己整得很慘。終於，經過一年的自我折磨，我不得不接受我無法改變的事實。」

面對不可避免的事實，我們就應該學著做到詩人惠特曼（Walt Whitman）所說的那樣。

「讓我們學著像樹木一樣順其自然，面對黑夜、風暴、飢餓、意外等挫折。」

面對現實，並不等於束手接受所有的不幸。只要有任何可以挽救的機會，我們就應該奮鬥！但是，當我們發現情勢已不能挽回時，我們最好就不要再思前想後，拒絕面對，要接受不可避免的事實，唯有如此，才能在人生的道路上掌握好平衡。

我們每個人遲早要學會這個道理，那就是我們只有接受並配合不可改變的事實。「事必如此，別無選擇」，這並非容易的課程。

馴鹿和狼之間存在著一種非常獨特的關係，牠們在同一個地方出生，又一同奔跑在自然環境極為惡劣的曠野上。大多數時候，牠們相安無事地在同一個地方活動，狼不騷擾鹿群，馴鹿也不害怕狼。

在這看似和平的時候，狼會突然向鹿群發動襲擊。馴鹿驚愕而迅速地逃竄，同時又聚成一群以確保安全。

狼群早已盯準了目標，在這追和逃的遊戲裡，會有一隻狼冷不防地竄出，以迅雷不及掩耳之勢抓破一隻馴鹿的腿。

遊戲結束了，沒有一隻馴鹿犧牲，狼也沒有得到一點食物。

第二天，同樣的一幕再次上演，依然衝出一隻狼，依然抓傷那隻已經受傷的馴鹿。

每次都是不同的狼從不同的地方竄出來做獵手，攻擊的卻只是那一隻鹿。可憐的馴鹿舊傷未癒又添新傷，逐漸喪失大量的血和力氣，更為嚴重的是牠逐漸喪失了反抗的意志。當牠越來越虛弱，已不會對狼構成威脅時，狼便群起而攻之，美美地飽餐一頓。

其實，狼是無法對馴鹿構成威脅的，因為身材高大的馴鹿可以一蹄把身材矮小的狼踢死或踢傷，可為什麼到最後馴鹿卻成了狼的腹中之食呢？

狼是絕頂聰明的，牠一次次抓傷同一隻馴鹿，讓那隻馴鹿一次次被失敗擊得信心全無，到最後牠完全崩潰了，已忘了自己其實是個強者，忘了自己還有反抗的能力。當狼群攻擊牠時，牠已沒有勇氣奮力一搏了。

真正打敗馴鹿的是牠自己，牠的敵人不是凶殘的狼，而是自己脆弱的心靈。

在這個世界上，信念這種東西任何人都可以免費獲得，所有成功的人，最初都是從一個小小的信念開始的。信念就是所有奇蹟的萌發點。

4. 信心和自強，行動才有效

自信吧，沒有自信，活得好累。做個自信的人吧，自信會使你堅定無比。真的，自信的感覺真好。

俄羅斯傑出的思想家、文學家赫爾岑年輕時，有一次，他的一位女朋友請他去參加一個音樂會。音樂會沒開始多長時間，赫爾岑就用雙手堵起耳朵，低著頭，滿是厭倦之色。

女朋友看到赫爾岑這樣，很是奇怪，問他：「難道你不喜歡聽音樂嗎？怎麼音樂一響你就這樣。」

赫爾岑搖了搖頭，說：「這種怪異、低階的樂曲有什麼好聽？」

「你說什麼？」女朋友大叫起來，「天啊！你說這音樂低階？你知不知道，這是現在社會最流行的音樂！」

赫爾岑心平氣和地問：「難道流行的一定好嗎？」

「那當然，不好的東西怎麼會流行呢？」女朋友反問。

「那按妳的意思，流行感冒也是好的囉？」赫爾岑微笑著回答。

女朋友頓時啞口無言。

自信的人，東西南北風都刮不倒，即便是龍捲風也一樣。

在生活中你敢不敢說「我是第一」？這個問題的回答並不困難。如果你是個渴望成功的人，肯定回答：「當然，我就是第一！」

那為什麼一定要是第一呢？

因為你本來就是第一。至少，你要在意識中播種「爭第一」的信心，這樣，你的個性才會真正成熟起來。記住！生活需要個性。

無數受人尊敬的成功者，都曾經宣稱自己是第一。是不是第一無須追究，關鍵是他們的確取得了成功。

記得拿破倫有這樣一句格言：「不可能，這三個字只有在愚人的字典裡才能找得到。」這句格言就是我以前的印證，曾經的我是個不折不扣的「愚人」。平凡的外貌以及別人的否定，把我徹底打入了自卑的冷宮裡。從此「怕」字便成了我生活的主流，怕被嘲諷、怕被批評、怕被別人看不起……我的人生自此變成灰色，整日在驚慌恐懼中掙扎著。

一天，一個精采的世界展現在我面前，它包羅萬現、妙趣橫生，深深吸引著我，這就是迷人的網路世界。網上豐富的圖書數據，增加了我的知識內涵和文化修養、快速準確的資訊，使我站在時代潮流的最前端、大量的網路新聞，讓我可以最先得知國內外的大小事件；經典的音樂網站，是我解除疲勞放鬆心情的好地方；奇妙的聊天室，為我增加了很多的談得來的朋友。是網路為我的生命重新賦予了新的內涵、注入了自信的血液。在這個世界裡我盡情地遨遊。才發現，原來我的人生也可以是彩色的，我也可以大聲地說：「我能夠做到。」

有人說能力和自信是成正比的，現在的我言之有物，談吐風趣，再也不會吞吞吐吐，讓人覺得乏味。現在的我敢想敢做，再也不會瞻前顧後。現在的我遇事有主見，再也不會驚慌失措等待著救世主的來臨，因為我有網路這個強大的後盾。網路有著千變萬化的很多面，有時它會像一名優秀的老師，為我貫輸大量的文化知識;有時它更像一位嚴厲的老師，會手把手的教我工作上的技術和經驗；大多數的時候它會做你最好的朋友，為你出謀劃策，給你莫大的幫助。我熱愛網路，正如熱愛新生的我。

一座架往世界各地的橋梁、 一位可以幫你實現夢想的朋友、一個可以把整個世界展現給你的神奇寶貝。

5. 君子以自強不息

「天行健，君子以自強不息。」客觀世界不斷地向前發展，社會不斷地前進，因此有志者必須不斷地自強，不斷地更新自己。正如文天祥所說：「君子之所以進者，無法，天行而已矣。」

蘇聯火箭之父齊奧爾科夫斯基（Konstantin Tsiolkovsky）10 歲時，染上了猩紅熱，持續幾天的高燒，引起了嚴重的併發症，使他幾乎完全喪失了聽覺，成了半聾。他默默地承受著孩子們的譏笑和無法繼續上學的痛苦。他的父親是個守林員，整天到處奔走。因此教他讀書寫字的責任就落到媽媽身上。透過媽媽耐心細緻的講解和循循善誘的輔導，他進步得很快。可是當他正在充滿信心地自學時，母親卻患病去世了，這突如其來的打擊，使這個少年陷入了極大的痛苦。他不明白，生活的道路為什麼這麼難？為什麼這麼多的不幸都落到了他的頭上？他今後該怎麼辦？父親撫摸著他的頭說：「孩子，要有志氣，靠自己的努力走下去！」是啊！學校不收、孩子們在嘲弄，今後只有靠自己了！

年幼的齊奧爾科夫斯基從此開始了真正的自學道路。他從小學課本、國中課本一直讀到大學課本，自學了物理、化學、微積分、解析幾何等課程。就這樣，一個耳聾的人，一個沒有受過任何教授指導的人，一個從未進過學校的人，由於始終如一的勤奮自學、刻苦鑽研，終於使自己成了一個學識淵博的科學家，為火箭技術和星際航行奠定了理論基礎。

齊奧爾科夫斯基的成功之路，正是自強不息含義最好的詮釋。一個人只有具備了自強不息的精神，才能有所進步，哪怕他再怎麼才疏學淺，只要他自強不息，也終有成功的那一天。堅持自己的夢想。

不論做什麼事，相信自己，別讓別人的一句話將你擊倒。

傑克的朋友叫蒙提，他在聖思多羅有座牧馬場。傑克常借用他寬敞的住宅舉辦募款活動，為幫助青少年的計畫籌備基金。

上次活動時，蒙提在致詞中提到：「我借傑克住宅是有原因的。這故事跟一個小男孩有關，他的父親是位馬術師，他從小就必須跟著父親東奔西跑，一個馬廄接著一個馬廄，一個農場接著一個農場地去訓練馬匹。

由於經常四處奔波，男孩的求學過程並不順利。國中時，有次老師叫全班同學寫報告，題目是：長大後的志願。

那晚他洋洋灑灑寫了 7 張紙，描述他的偉大志願，那就是想擁有一座屬於自己的牧馬農場，並且仔細畫了一張 200 畝農場的設計圖，上面標有馬廄、跑道等的位置，然後在這一大片農場中央，還要建造一棟占地 4,000 平方英尺的住宅。

他花了好大心血完成報告，第二天交給了老師。兩天後他拿回了報告，第一頁上打了一個又紅又大的 F，旁邊還寫了一行字：下課後來見我。

腦中充滿幻想的他下課後帶著報告去找老師：『為什麼給我不及格？』

老師回答道：『你年紀輕輕，不要老做白日夢。你沒錢，也沒家庭背景，什麼都沒有。蓋座農場可是個花錢的大工程，你要花錢買地、花錢買純種馬匹、花錢照顧它們。你別太好高騖遠了。』接著老師又說：『你如果肯重寫一個比較不離譜的志願，我會重打你的分數。』

再三考慮好幾天後，他決定原稿交回，一個字都不改。他告訴老師：『即使拿個大 A 字，我也不願放棄夢想。』」

蒙提此時向眾人表示：「我提起這故事，是因為各位現在就坐在 200 畝農場內，坐在占地 4,000 平方英尺的豪華住宅中。那份國中時寫的報告我至今還留著。」他頓了一下又說：「有意思的是，兩年前的夏天，那位老師帶了 30 個學生來我的農場露營一星期。離開之前，他對我說：『說來有些慚愧。你讀國中時，我曾潑過你的冷水。這些年來，我也對不少學生說過相同的話。幸虧你有這個毅力堅持自己的夢想。』」

自己下定決心，追隨自己的夢想。只要有毅力和恆心，最終美夢會成真。

6. 做人首先應該自立自強

大千世界，芸芸眾生，每個人都在求生存、求發展，然而由於每個人的觀念不一樣，所以，對自己的要求也不一樣。有的人能做的事情也不去做，也說不會做，依賴性太強，只想著依賴家長，依賴別人；有的人沒志氣，缺乏上進心，整天得過且過；有的人經不起一點困難和挫折，不能知難而進，總是知難而退；有的人玩心太重，靜下來工作就會無精打采、潦草，甚至曠工不做。這些人，談何自立自強？

自立自強就是不依賴別人，不安於現狀，勤奮，進取，靠自己的勞動生活，依靠自己的努力不斷向上。以此獲得精神與物質的滿足。自立自強是良好的品質，可貴的精神。自立自強的人，不論在工作，學習還是在生活上，凡是能自己做的，都不會依賴別人，把依賴別人、不思進取、不努力看作是沒有出息的表現，是不光彩的行為；把透過自己的努力創造美好的生活和獲得事業的成功看作是一種莫上的光榮。

自立自強的人懂得做人的道理，知道生存的原則，明白如果不自立自強，總有一天會被社會所淘汰，而自己也不可能豐富生命的體驗。

身為一個人，如果沒有自立自強的精神，不依靠自己解決問題，不能獨立地走出困境，勇於面對挑戰，他就無法適應這個社會，就有可能被淘汰；而身為一代人，如果沒有自立自強的精神，國家就無法強大；作為一個國家，如果沒有自立自強的精神，這個國家就很難屹立於世界民族之林。

要重視從小培養孩子自立自強的精神，培養孩子富有開拓精神、創新精神，成為自食其力的人，培養他們自己動手修理、參加勞動的習慣。不管貧富，都要培養。美國的中學生有句口號：「要花錢自己賺！」他們要孩子分擔家裡的割草、粉刷房屋、簡單木工修理等工作。此外，還要外出當雜工，出賣體力，如夏天替人推割草機，冬天幫人鏟雪，秋天幫人掃落葉等。

劉女士，40 歲，丈夫提出離婚。家庭出現了危機。她認為自己做了十幾年的全職太太，放棄自己的事業，每天打理老公兒子的生活起居，辛辛苦苦為家做了很多卻得不到丈夫的認可，百般痛苦，吃不下睡不著，受到嚴重打擊。

痛苦反思後，她決定離婚，既然自己的付出沒有得到相應的回報，她也不再依附於別人，不再這樣沒有自我的活下去，她堅信，沒有過不去的坎。

脫離社會 15 年，這個年齡很難找一份合適的工作。但她下定決心，不怕累不怕苦，不再緬懷過去的優渥生活，決定自立自強，找不到工作就去當保母，當清潔工，以積極的樂觀的心態面對生活，面對所發生的一切。慢慢地，她找到了自己的位置，在不斷地努力下，經過兩年時間，存下錢頂下了一家餐廳，當起了老闆。

後來，她丈夫又提出復婚，承認了他以前的錯誤。看在兒子的分上。她答應了，但是她要求必須經營自己的事業。

現在社會男女平等，但受傳統思想的影響，女人在經濟上大多依靠丈夫，而從某種角度上講，家庭就是女人的全部。可是世間沒有一成不變的事，婚姻也有太多的變數，誰也無法預料將來。倘若婚姻遭遇變故，自立的女人一定會很快站起來，因為她有自立自強的自信，容易找到自己的支點，而害怕自立的女人，則會失去精神支柱，感到天地塌陷、崩潰。這樣的事例比比皆是，不勝枚舉。

女人更需要自立自強，必須從思想上，能力上加強自己。只有如此，無論遭遇什麼樣的變故，至少，都能很快站起來，能夠養活自己，能夠生存下來，更重要的是，自立自強的女人會擁有一定的社會地位，得到人們的尊重，能夠找到自我。

有一個人一直想成功，為此，他早出晚歸，不眠不休，種種嘗試，但到頭來，他連一份工作都找不到，更何談如何取得事業的成功。為此，他非常苦惱，覺得自己認真努力了，為什麼連份工作都找不到呢？

於是，就跑去問他的父親。他的父親是一個老船員，雖然沒有受過多少教育，但卻一直關注著兒子。見兒子問自己，他沒有正面回答，而是意味深長地對兒子說：「很早以前，我的老船長對我說過一句話，我一直記在心裡，希望能對你有所幫助。老船長說，要想有船來，就必須修建自己的碼頭。」

兒子聽了這話沉思良久，還是不得要領。他繼續奔波忙碌。一天，他到一家公司應徵業務，面試的人問他，你有什麼技能？你做過什麼工作？你看過《誰是最偉大的業務員》這本書嗎？突然，他領悟了父親說的那句話。這是一個知識的時代，沒有知識，靠亂闖亂撞，成功的機率幾乎是微乎其微。

這之後，他不再四處嘗試，而是靜下心來，好好讀書，邊做邊學。不但上了大學，而且成了令人羨慕的博士，擁有了知識和技能。

現在他根本不必四處找工作，有不少公司經常打電話來，希望他能夠跳槽，而且待遇好得驚人。

「困難像彈簧，看你強不強，你強它就弱，你弱它就強」這是至理名言。因此，面對生活中的困難，我們要勇敢面對，面對了才有另一番天地，或許，困難正是促進你走向成功的捷徑，迎難而上，這才是上等人生哲學。

人生看似很曲折，其實，除運氣占一點點成分外，更多的來自於自己的努力，是否有自立自強的精神，是否有勇於挑戰生活的勇氣。如果能夠做到拋棄浮躁，錘鍊自己，加強自我的修養，機遇垂青那些有準備的人。所以，自立自強的精神，需要每個人更能強化自己，豐富自己，讓自己發光，培養責任和社會義務感。為自己努力修建一座高品質碼頭，何愁到不了幸福的彼岸。

也許，自立自強的過程會讓你覺得累或苦，還可以伴隨著病痛與折磨，可是，當你戰勝困難、銳氣不減、激情猶在的時候，當你以更新的姿態，以更剛強的生命力去迎接命運的挑戰的時候，你會發自內心的感嘆自己並沒有浪費這青春年華。你會為自己做到了自立自強而驕傲不已。只有做到了自立自強，你的人生，才會達到無怨無悔的境界。你的路才會越走越寬。

7. 習慣與方法：行動力的節奏

是你改變世界還是世界改變你？年輕人經常談到這個問題。如果你想改變你的世界，首先就應該改變你自己。如果你是正確的，你的世界也會是正確的。這就是積極心態所談及的主要問題。當你抱著積極的心態時，你世界中的一些困難與挫折便會在你面前低頭。有一位牧師講了這樣一個令人驚奇的小故事。

一個星期六的早晨，我要準備隔日用的講稿。妻子出去買東西了。那天在下雨，我的小兒子吵鬧不休，令人討厭。最後，我在失望中撿起一本舊雜誌，一頁一頁地翻閱，直到翻到一幅色彩鮮豔的大圖畫 —— 一幅世界地圖。我就從那本雜誌上撕下這一頁。再把它撕成碎片，丟在起居室的地上，對兒子說道：「小約翰，如果你能拼好這些碎片，我就給你零用錢。」

我以為這件事會使約翰花掉上午的大部分時間。可是沒過 10 分鐘，就有人來敲門了。原來是我的兒子，他手裡拿著一幅剛拼好的地圖。我驚愕地看到約翰如此之快地拼好了一幅世界地圖。

「孩子，你怎麼把這件事做得這麼快？」我問道。

「啊！」小約翰說，「這很簡單。在另一面有一個人的照片。我就照著這個人的照片拼。然後把它翻過來。我想，如果這個人是正確的，那麼這個世界地圖也就是正確的。」

我微笑起來，給了兒子零用錢。「你也替我準備好了明天的講稿。」我說，「如果一個人是正確的，他的世界也會是正確的。」

成功與失敗的最大分野，來自於不同的習慣。好習慣是開啟成功的鑰匙，壞習慣則是一扇向失敗敞開的大門。

壞的習慣容易耽誤一生，而好的習慣可以使你走向成功。一個人的習慣是很難改變的，但並不是不可改變的，只要摒棄壞習慣，培養好習慣，我們就能把握住自己的命運。

先來看幾個關於習慣的事例。

一個剛剛畢業來到企業的大學生，喜歡抽菸，又捨不得把好菸分給別人抽，因此在他的菸盒內裝有兩種價格的香菸，貴的自己抽，便宜的給別人抽。結果這個人沒有幾個朋友、沒有晉升、沒有影響力。所以，有人說，習慣決定命運。

在二次大戰期間，邱吉爾已經六十多歲了，卻能夠每天工作十六小時，一年一年指揮英國作戰，實在是一件很了不起的事情。他的祕訣在哪裡？他每天早晨在床上工作到十一點，看報告、口述命令、打電話，甚至在床上舉行很重要的會議。吃過午飯以後，再上床去睡一個小時。到了晚上，在八點吃晚飯以前，他再上床去睡兩個小時。他並不是要消除疲勞，因為他根本不必消除，他事先就防止了。因為他經營休息，所以可以很有精神地一直工作到後半夜之後。

約翰·洛克斐勒也創了兩項驚人的紀錄：他賺到了當時全世界為數最多的財富，也活到九十八歲。他如何做到這兩點呢？最主要的原因當然是他家裡的人都很長壽，另外一個原因是，他每天中午在辦公室裡睡半小時午覺。他會躺在辦公室的大沙發上 —— 在睡午覺的時候，哪怕是美國總統打來的電話，他都不接。

如果我們有足夠的細心，我們就會發現一種很奇怪的現象：成功的人似乎永遠都在成功，彷彿有一種魔力在驅趕著他走向成功；而失敗的人似乎永遠都在失敗，彷彿他天生就注定是個失敗者。

究竟是什麼導致了這種現象的出現？難道是上天的安排？ —— 當然不是。許多研究行為科學的學者和研究成功的勵志大使給出了我們答案：是「習慣」兩個字在發揮作用。事實上確是如此，如果一個人習慣勤奮，他就會成功；如果一個人習慣懶惰，他就會一事無成。

那麼，什麼是習慣？習慣就是我們平時習以為常的行為。行為科學研究顯示：一個人一天的行為中大約只有 5% 是屬於非行為習慣的，而剩下的 95% 的行為都是習慣性的。習慣經過我們的反覆行為，會不知不覺變作我們本能的一部分。習慣是一種能左右我們的神奇力量，它決定著我們的成敗。

在人生的道路上，許多人總是多次在同一個地方摔倒。現實中我們會時常看到這種例子。有的人先是在人際交往中被朋友所騙，接著在做生意時受騙，而且一而再，再而三地發生。這是太過於相信別人的壞習慣的緣故。

一個旅行者，每到一處都有尋找奇異的小石子留念的習慣。有一次，他卻在一條由融雪匯聚成的冰冷溪流裡，發現了一顆碩大的鑽石。這個偶然的富有戲劇性的發現，也是這個旅行者的習慣所賜。

從以上我們可以看出習慣對於我們的影響。可以說，成功始於習慣。

我們之中沒有人喜歡失敗，都希望自己能夠成功，但要成功就必須和壞習慣徹底決裂，同時要培養成一些好習慣。都說「習慣成自然」、「江山易改，本性難移」，其實不然，當然這需要你付出改變現狀的代價。

要改掉壞習慣，培養好習慣，只需做好三步即可。首先要分清哪些是好習慣，那些是壞習慣。這件事是最容易的，每個人心裡都清楚得很。其次是你是否想改變。這是一個比較令人頭痛的問題，因為絕大多數人害怕改變，喜歡安於現狀。儘管他們有時對現狀不滿，但如果真的讓他做出行動，他就會退縮。你要記住，如果你不想改變，那你就只能看著別人成功，而你卻原地不動。最後要行動起來。對於已有的好習慣要繼續保持，對於壞習慣要堅決改掉，對於不具備的好習慣要悉心培養。可以先從小事做起，循序漸進。如赴約時，至少要提前五分鐘到達；如當你決定做一件事時，就應該立刻行動起來……

如果你想成功，好吧，現在就開始研究分析一下自己的習慣。一個人要立大業成大事，都必須從改變和培養習慣開始，因為成功始於習慣。

如果你想獲得成功，請記住第 10 個忠告：摒棄壞習慣，培養好習慣。

8. 培養內功，調動潛能

人的身體潛能之大是我們難以想像的。

看看世界上的各種體育運動比賽，運動員們不斷打破世界紀錄。那些經過專門訓練的運動員們，在疾跑的高速上，在跳躍的靈巧度上，在投籃的準確度上，在體操的靈敏度上，在抓舉的力量上，在健美的肌肉發達上……都在不斷地創造著成功與卓越的奇蹟，從這些我們可以看到人類身體的巨大潛能。

人的身體的巨大潛能還突出地表現在人類健康長壽的改變上。

據資料，原始人平均壽命只有 15 至 20 歲；西元初，上升到 25 歲左右；20 世紀初，世界人口的平均壽命是 49 歲，到 1970 後期，世界人口的平均壽命已增加到 60 歲。個別國家如日本、瑞典等已接近 80 歲。中國 1940 年代平均壽命才 35 歲，1950 年代後期已增至 57 歲，現在則已達 70 歲左右。「人生七十古來稀」已經是一句過時的老話了。

人的身體潛能不可限量，人的心腦智慧潛能更是巨大無比。

人的學習、記憶、認識潛能，人的創造力潛能，人的思維精神、文化修養的潛能等等都是人的心腦潛能的具體表現。人的這些心腦潛能，真是深厚偉大，無窮無盡。

愛迪生小時候曾被學校老師認為愚笨而失去了正規學校教育。可是，他在母親的幫助下，經過獨特的心腦潛能的開發，成為世界上最著名的發明大王，一生完成2,000多種發明。他在留聲機、電燈、電話、有聲電影等許多事物上有了開創性的發明，從根本上改善了人類生活的品質。他是人的創造力潛能，即人的心腦潛能得到較好開發的一個代表。

據神經學家研究，人的大腦皮層中有神經元約140億個，這比任何一臺現代電腦更豐富複雜實用得多。

蘇聯科學家曾指出：「當代科學使我們懂得人的大腦結構和工作情況，大腦所儲存的能力使我們目瞪口呆。在正常情況下工作的人，一般只使用了其儲存能力的很小一部分。如果我們能迫使我們的大腦達到其中一半的工作能力，我們就可以輕而易舉地學會40種語言，將一套蘇聯百科全書背得滾瓜爛熟，還能夠學完數十所大學的課程。」

人的潛能到底有多大，多數人恐怕自己也弄不清楚。看看下面的例子或許你能明白。

沙烏地阿拉伯塔伊夫城有一個25歲的漂亮女人，不知什麼原因「啞」了20年，經多方醫治毫無效果。有一天，有人介紹一個大她25歲的長得很醜的老頭子來相親，見面之後，女人的父親私自做主，逼著女人嫁給他。女人著急了，竟講出 20 年來的第一句話：「我寧死也不嫁給他！」

這事奇怪嗎？不奇怪，中國古代也有這樣的事。據《醫部全錄》載，明朝年間，某地有一個女孩得了一種怪病，打哈欠後兩隻手怎麼也放不下來了，多方求醫無濟於事。後來家人請了一位郎中來家診治。這位郎中看後當著病人說，要想治好病就得用艾灸肚臍下的丹田穴，一邊說著一邊用手去解女孩的褲帶。這一下羞得女孩無地自容，趕忙用手一護，想不到奇蹟出現了，女孩的兩隻手臂竟然不知不覺中放了下來。

以上兩個事例，似乎是偶然事件，但偶然中孕育著必然。現代醫學心理學認為，由於各種複雜的內部和外部原因，人的大腦機能存在著一種抑制現象，使得人們長期難以察覺自己的能力。在意想不到的刺激條件下，這種抑制被解除，蘊藏在人體內的潛能會突然爆發出來，產生一種神奇的力量。科學家指出，人的能力有 90% 以上處於休眠狀態，沒有開發出來。如果我們能多挖掘自己一些潛能，那將會創造一道亮麗的人生風景線。

俄國戲劇家史坦尼斯拉夫斯基在排練一場話劇時，女主角因故不能參加演出，出於無奈，他只好讓他的大姐擔任這個角色，可是他大姐從未演過主角，自己也缺乏信心，所以排演時演得很糟，這使史坦尼斯拉夫斯基非常不滿，他很生氣地說：「這場戲是全戲的關鍵，如果女主角仍然演得這麼差勁，整個戲就不能再往下排了！」這時全場寂然，受屈辱的大姐久久沒有說話，突然她抬起頭來堅定地說：「排練！」一掃過去的自卑、羞澀、拘謹，演得非常自信、真實。史坦尼斯拉夫斯基高興地說：「從今天以後，我們有了一個新的大藝術家。」

事情非常明顯，如果不是斯坦尼斯拉夫斯基的發火使他大姐受到刺激，累積在大姐身上的表演潛力便不可能迸發出來。在這裡，刺激起了不尋常的作用。人們常常埋怨社會埋沒人才，其實，由於缺乏信心和勇氣、自卑、懶惰、安於現狀、不思進取，自我埋沒的現象也是相當普遍的。如果我們能多給自己一點刺激，多一點信心、勇氣、幹勁，多一分膽識和毅力，就有可能使自己身上處於休眠的潛能發揮出來，創造出連自己也吃驚的成功來。

某家報社曾報導了一件奇事：一名婦女趁幼兒熟睡之際外出購物，返家途中，在巷口與人閒聊，這時家中的幼兒醒來尋母，遂爬上陽臺呼叫，不幸失足從陽臺上墜落下來，說時遲，那時快，其母飛奔至樓下，奇蹟般地接住了自己的孩子。按道理說三歲幼兒體重約十五公斤重，從五樓墜下，在重力加速度的作用下，到達地面時的重量絕非常人所承受，況且是個平常沒有運動習慣的婦女。這件事在當地引起了轟動。後來新聞界還專門請來舉重運動員和賽跑運動員做了一個模擬試驗，結果都無法成功地接住也無法及時趕到出事地點。

一個弱女子在奮不顧身的情況下，其運動技能的水準居然能遠遠超過訓練有素的運動員。類似的事件也曾在英國及美國發生過。在一個夏天，美國一位身障、一直以輪椅代步的青年母親，在她孩子失足掉進游泳池的時候，她連人帶輪椅衝進泳池，救起了她的孩子，並隨即實施人工呼吸，救活了她的孩子。事後警方當局請這位母親描述她的整個經過時，她卻答不上半句話來。

從上述的例子中，我們可以了解一個事實：那就是每個人都有巨大的潛能，人的潛能是無窮的。生活中不是「能不能」，而是「要不要」。你真正想要得是什麼？放手去做，全力以赴，只要發揮你的潛能，你就能做到。

所以，如果你想做成某件事，請記住第 12 個忠告：把自己的潛能發揮出來。

從失敗和挫折中走向成功是很不容易的，它有一個痛苦的過程。

比爾在 19 歲時創辦了一個經營獸皮和皮革的商店，不久他破產了。但挫折似乎並沒有壓倒這個年輕人，反而更加激勵了他。不久他開始尋找取得成功的新方法。

比爾急欲致富，他認為他能在勵志的書籍中找到獲得財富的方法，於是就到圖書館裡尋找有關的圖書。在那裡他發現了一本叫做《思考致富》的書，不禁欣喜若狂。他將它借到手，讀了一遍又一遍。但讀了三遍後，他還不能準確地理解世界大財團們是如何獲得財富的。

比爾告訴我們：

「當我第四遍閱讀《思考致富》的時候，一天我到一條商業大街上悠閒漫步。事情就在這時候發生了，它是突然發生的。我佇立在一個肉類市場的櫥窗前面，向上仰望。就在那一瞬間，我剎那間得到一個的勵志方法。」他笑起來繼續說：

「我大聲宣稱，『那就是它！我已得到了它！』我的感情爆發了，連我自己都感到大為吃驚。從我身旁經過的一位婦女也停下來吃驚地看著我。我懷著新發現，匆匆忙忙地趕回家。」

比爾繼續說道：

「你看，我正在讀第四章〈自我暗示〉。這一章的副標題是：影響下意識心理的方法。現在我還記得，當我還是個孩子的時候，我的父親曾經高聲朗讀過埃米爾·庫埃（Émile Coué）的小冊子《自我掌握——運用自覺的自動暗示》。正如書中指出：如果埃米爾·庫埃成功地幫助個人運用自覺的自動暗示克服了疾病，恢復了健康，那麼，一個人也就能運用自動暗示獲得財富或其他任何東西。我的偉大的發現就是：運用自動暗示致富。對我說來，這是一個新的概念。」

接著，比爾講述了他對這個新概念的理解。

「你知道，自覺的自動暗示是控制性的機構，個人可以透過它自願地把他的下意識心理灌注到創造性的思想中，或者由於疏忽而允許破壞性的思想找到了道路，進入他心中富裕的花園。」

「當你每天有感情地、全神貫注地高聲朗讀兩遍幫助你致富的書中所抄下來的語句時，你就能使你所期望的目的和你的下意識心理直接相通。重複這個過程，你還會自覺自願地形成思想習慣。這對你努力把願望轉變為現實是有好處的。」

「在應用自動暗示的原則時，要把心力集中於某種已定的願望上，直到那種願望成為熱烈的願望。那次我從街上氣喘吁吁地跑回家時，我立刻坐到飯桌旁寫道：『我明確的主要目的是，10 年後成為百萬富翁。』他說，「一個人應當把他所想要獲得的金錢的數量規定得十分明確，並定下日期。我照辦了。」

比爾雖然在 19 歲時失敗了，但是現在他是一家著名公司的董事，他已成了百萬富翁。他成功的訣竅無非是學會了自我暗示法，並以此探索他的下意識心理力量。

9. 創新是最高階的行動

猶太人認為，只要勇於不斷創新，無論什麼行業都能致富。

亨利·彼得森（Henry Petersen）出生在一個貧窮的猶太家庭裡，幼年時隨父母移居紐約。

16 歲時，小亨利在紐約一家小有名氣的珠寶店裡當學徒。珠寶店的老闆也是猶太人，名叫卡辛，是紐約最好的珠寶工匠之一，那些有錢的太太、小姐們經常光顧這個珠寶店，所以對卡辛這個名字非常熟悉。對於梅辛格的訂貨，彼得森一向認真謹慎，每一件產品都必須親自經過反覆核對檢查，即使一點小小的紕漏，也不會放過，他會讓人拿去修改，直到滿意為止，他成為梅辛格的特約供應商。同時他精湛的手藝得到了上流社會的一致好評，越來越多的人知道了彼得森這個名字，找他的人越來越多，他有點忙不過來了。

正在這時候，詹姆因為與合夥人發生糾紛而拆夥了，彼得森就把他請來一起工作，由於工作太多，即使是兩個人，還是應付不過來，於是彼得森與詹姆商議，打算建立一個小型工廠。

經過一段時間的籌備，他們創立了「特色戒指公司」，但生產訂婚戒指的歷史已經很久了，想在經營上生意興隆，就必須有自己企業的經營特色。

經過多方面的考察，在訂婚戒指圖案的表現手法上，彼得森下了一番工夫。

象徵著愛情的首飾大多以心形構圖，這被廣大消費者所公認和接受，彼得森也不例外，彼得森在構圖的表現手法上卻有自己的一套創意：

為了表現愛情的美好與純潔，他用白金鑄成兩朵花將寶石托住；

為了表現一對戀人心心相連，他把寶石雕成兩顆心互抱狀；

兩個白金花蕊中各有一個天使般的嬰孩，一個是女嬰，一個是男嬰，手中牽著拴在寶石上的銀絲線，以此祝福新郎新娘未來的美滿幸福小家庭……

彼得森的高明之處在這裡得到了充分的展現。

然而，彼得森的高明之處，還不只這些。

他做的戒指表面看是一樣的，其實是不同的，細節就在男女嬰所牽的銀絲線上。

那銀絲線上有許多類似多股繩搓在一起的皺紋，實際上是手工鏤刻出來的，並且可以根據自己的意願隨意增減「皺紋」的數目，這樣就為購買者留出做記號的餘地，例如男女雙方的生日、訂婚日期、結婚年齡或其他私人祕密，都可以透過銀絲的「絲紋」多少表示出來。

由於這一絕妙的設計，彼得森的生意越來越好，而且越做越大。

1948 年，一個富人登門拜訪他，那人拿出一顆藍寶石，求他鑲一枚與眾不同的戒指，準備送給一個女明星當生日禮物。

彼得森知道，要想有什麼驚人之舉，不能光在圖案上下工夫，唯有在那顆寶石上打主意。這只有改變傳統鑲嵌一條路可走。

經過一個星期的努力嘗試，他發明了新的方法 —— 內鎖法。用這種方法製造出的首飾，寶石的 90% 露在外面，只有底部一點面積像果實與花蒂那樣與金屬相連。

上天沒有辜負他，他的努力獲得了回報！這項發明很快獲得了專利，珠寶商們爭相購買，彼得森也因此賺得了大筆的技術轉讓費。

那個女明星也成為他的代言人了。由於電影明星的宣傳，婦女們知道了這種首飾是彼得森的作品，都不惜花大錢請他做首飾，她們以擁有彼得森親手製作的首飾為榮耀。

彼得森並沒有沉浸在成功的喜悅中停止不前，他的進取心有增無減，繼續探索新的方法，終於在 1955 年，又發明了一種「連鑽鑲嵌法」。

採用這種方法把兩塊寶石合在一起做成的首飾，可使 1 克拉的鑽石看起來像 2 克拉那麼大。這種首飾的獨到之處吸引了不少消費者，購買的顧客有很多。

正是這些別出心裁設計所造成的新奇效果，使得彼得森的事業取得進步，生產規模不斷擴大，人員大量增加。

在艱苦的奮鬥中，彼得森也贏得了人們的尊重和敬仰。可以說「特色戒指公司」能在激烈的競爭中扶搖直上，不能不歸功於彼得森的發明創造，不斷更新。鑽石大王就這樣一步步走向事業的頂峰。

可見，一個企業要壯大就必須善於創新。你的企業要想保持長盛不衰，就必須隨時進行自我更新。如果企業不創新、不前進、不長大，只有「死路一條」！

卡辛手藝超群，他鑲嵌的首飾外觀極其美麗，都能成為搶手貨，而且價格也不低，只是他為人尖酸刻薄，過於目中無人，對手下的學徒非常嚴厲！小亨利跟著卡辛學雕琢石頭和磨寶石，一學就是3年。透過這3年的鍛鍊，亨利的性格、思想得到了昇華，他從一個少年走向了沉穩、成熟。

1935年秋，是彼得森創業生涯中的一個重要轉折點。一天上午，一個自稱是哈特·梅辛格的人來找彼得森。彼得森得知是哈特·梅辛格，心裡非常高興，因為他對這個名字真是太熟悉了！

在他當學徒時，卡辛就經常說起梅辛格，對梅辛格也有初步的了解，知道他是最精明的猶太首飾批發商。雖然彼得森沒見過梅辛格，但彼得森已經崇拜梅辛格很久了。

梅辛格此次來找彼得森，是為他在紐約地區的銷售網長期訂貨的，這對彼得森來說可是一個絕好的發展機會，他決心要好好把握。當梅辛格得知彼得森的手藝是跟卡辛學的，就更加信任他了，梅辛格授權彼得森按照自己的想法設計，按照自己的方式加工，不受別的條件的約束，給了他一個自由發展的空間，為他充分發揮自己的聰明才智提供了機會。

一個人絕不能坐享其成，如此下去，往往適得其反。

古希臘神話中有這樣一個故事：

宙斯之子赫拉克勒斯小時候，曾碰到過兩位女神，一個叫美德女神，一個叫惡德女神。

惡德女神對他說：「孩子，跟我走吧！包你有享不完的榮華富貴！你要什麼，我一定滿足你什麼！」

美德女神對他說：「孩子，跟我走吧！我將教會你如何勇往直前！而你也必將在戰勝艱險的過程中變得無比堅強！」

赫拉克勒斯想了想，毅然選擇了美德女神。從此，他果然出生入死，在戰勝無數毒蛇猛獸的過程中變得剛強無比，為人類屢建奇功，成了希臘神話中首屈一指的英雄！

這個故事告訴我們，只有自覺地挑戰磨難，才是人生最理智的選擇，才能真正展現出青春的壯麗！

要什麼有什麼的安樂生活可以讓人獲得感官上的舒適，卻不會讓你在能力、才華、品德等方面有任何收穫。

創新能力，是每個正常人所具有的自然屬性與內在潛能，普通人與天才之間並無不可跨越的鴻溝，惠能和尚甚至說：「下下人有上上智。」

這是一位孤獨的年輕畫家，除了理想，他一無所有。後來，他替教堂作畫。由於報酬低，他無力租用畫室，只好借用一家廢棄的車庫。一天，疲倦的畫家在昏黃的燈光下看見一對亮晶晶的小眼睛，是一隻小老鼠。他微笑著注視著牠，而牠卻像影子一樣溜了。後來小老鼠又一次次出現。他從來沒有傷害過牠，甚至連嚇唬都沒有。牠在地板上表演雜技，而他就獎勵牠一點麵包屑。漸漸地，他們互相信任，彼此建立了友誼。

不久，年輕的畫家被介紹到好萊塢去製作一部以動物為主角的卡通片，這可是個難得的機會，但他再次失敗了。

黑夜裡，他苦苦思索自己的出路，甚至懷疑自己的天賦。就在他潦倒不堪的時候，他突然想起車庫裡的那隻小老鼠，靈感在暗夜裡閃出一道光芒，他迅速畫出了一隻老鼠的輪廓。

有史以來，最偉大的卡通形象 —— 米老鼠就誕生了，華特·迪士尼也因此揚名。

創意往往就來自那「黑暗中閃出的一道光芒」，抓住了就會有大的突破，視若無睹，只會留在原地，不會進步。

創新源於生活，是在實踐中不斷得到提高發展的。做個生活的有心人，你或許可以得到創意的靈感，盛開出美麗的創意之花。

第七章
一個好漢三個幫成就大事業

維持一座空中樓閣需付出高昂的代價。

—— 布林沃·利頓

在我們每個人的身邊，都有用不完的資源。當你有所需要時，不妨看看你的身邊，或許你所需要的就在身邊。把身邊的資源充分利用起來，很多問題就會輕易解決。

事實上，我們身邊的每一個人都是價值連城的金礦。

人力資源是我們在這個世界上唯一永遠的資源！

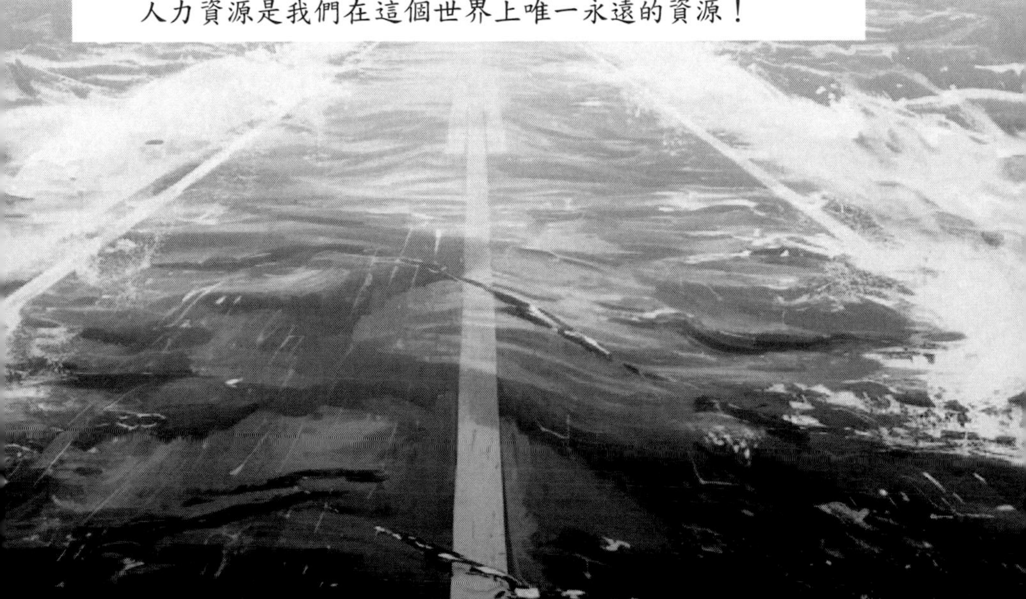

1. 在合作的時代合作更節省時間

古時候，有兩個兄弟各自帶著一個行李箱出遠門。一路上，重重的行李箱將兄弟倆都壓得喘不過氣來。他們只好左手累了換右手，右手累了又換左手。忽然，大哥停了下來，在路邊買了一根扁擔，將兩個行李箱一左一右掛在扁擔上。他挑起兩個箱子上路，反倒覺得輕鬆了很多。

他們在幫助別人的同時也幫助了自己！

在我們人生的大道上，肯定會遇到許許多多的困難。但我們是不是都知道，在前進的道路上，搬開別人腳下的絆腳石，有時恰恰是為自己鋪路。

猶太人歷經殺戮、驅逐、侮辱，被迫離開自己的家園，四處漂流。他們之所以能在生活的惡風險浪中倖存，並且更加繁榮興盛，這與他們樂於助人的觀念是分不開的。可以說這種觀念是猶太人生存的一個重要的法寶。猶太民族助人助己的觀念是根深蒂固的。

他們認為，富人有提供幫助的責任，窮人有獲得幫助的權利。在長期流亡的艱苦歲月裡，猶太富人往往自覺地替窮人掏腰包。在猶太社會裡，救濟窮人已成為一種習慣。哪怕是家無三餐的窮苦猶太人，也都留有一個裝錢的小盒子，準備向更窮的人家施捨。

猶太社團裡必定會有慈善機構，這些慈善機構都是靠富裕的猶太人的捐助來維持的。在每週不同的日子裡，窮苦的猶太學生分別到不同的猶太人家去吃飯，使得這些學生能夠安心讀書。

猶太人之間的相互幫助是發自內心的，他們發自內心地喜愛自己的同胞，從內心深處幫助自己的同胞。有位猶太拉比說：「要想測知你是否真心敬愛神，只要看你是否愛你的朋友就知道了。」

古代猶太人在神廟中有若干個小房間，稱之為「禁聲室」或「靜室」。猶太人把他們為窮人準備的東西祕密地放在裡面，窮人們來到這裡就祕密地得到幫助，讓接受者不知道是誰給的，給予者不知道是給誰的。

在施捨時，猶太人很注重並允許窮困的人在接受幫助時保持尊嚴。時至今日，世界各地的猶太人所做的捐贈中，還有許多猶太的法律規定，在收穫季節掉在地上的幾堆玉米，或幾捆小麥屬於窮人，而長在田地旁邊的莊稼也屬於窮人。富人要留下一定量的莊稼、橄欖或是葡萄讓窮人來拿。互相幫助成為他們的生存法則和經久不衰的民族意識。

猶太人之間的這種團結和幫助，讓其他民族非常嫉妒，有人對此感到不可理解，問猶太人為什麼要這樣相互幫助，猶太人會回答：「我們自己不相互幫助，難道還等別人幫助我們嗎？」正是依靠這種團結互助，猶太人在歷經追殺、迫害、侮辱之後，依然能夠生存下來，並且更加繁榮興旺。

成功的猶太人都是很直率的，他們認為在生活工作中，只有坦率直爽，才能把一件事情做好。

傑出的猶太商人都要求自己的員工在工作中有自己的建議和不同見解，並能夠把這種建議和見解講出來，而不要指望上司和同事們會揣摩出員工的想法。如果遇到了什麼困難，也應該及時向領導提出來，不然受累的還是自己，任務無法完成一樣會受到批評。

在生活中，猶太人會主動把自己的喜怒哀樂向周圍熟悉的人訴說，以此尋求解脫，這樣很容易得到理解與幫助。善於抒發內心壓力的坦率者，心理承受能力也會很強。「忍辱負重」不是猶太人的文化。

有位猶太人在當實習醫生時，主治醫生對她的態度非常惡劣，她主動向該主治醫生講出自己的感受，此後這位主治醫生改變了態度，彼此間建立了互相尊重的健康工作關係。其實很多時候人們不能和諧相處的原因只是個性差異或缺乏溝通，如果及時公開地表達出來，往往可以冰釋前嫌。猶太人不會背地裡論人長短或打擊報復別人，他們只會坦率直爽地說出自己的感受。

猶太人認為坦率直爽的另一方面，是需要學會說「不」。他們遇到勉為其難的事或無法辦到的事，就會拒絕，而不會有求必應。反之，如果遭到對方拒絕，也不會對那個人產生怨恨之心，因為他能夠考慮到別人的難處。這樣雙方才不至於違心行事或弄得不痛快又得罪人，並可以協商其他取代辦法，做到兩相情願。

猶太人在很小的時候就被教導為人要直率坦誠的處事之道，在這種環境下成長起來的猶太人，也就養成直率坦誠的作風。但猶太人的直言不諱卻不是魯莽粗暴，更不會蠻橫無理。猶太人非常講究說話的技巧，哪怕是在話不投機的情況下，他們也會做到表情和悅、語調委婉、禮貌待人，而不會向別人發脾氣。

在文化觀念上，求同存異是非常必要的。猶太民族的言論非常自由，他們喜歡把自己的看法說出來或與人辯論，但最終目的並不是要說服別人或被別人說服。

猶太人中也有很多能言善辯之士，但他們辯論目的只是想把自己的想法公布出去，並不是要別人接受自己的觀點。只要抒發了自己胸中的感慨，他們就得到了滿足。對於不同觀念，他們雖不輕易苟同，卻也不忘讚揚對方勇於發表意見。無論是文化、習俗還是政治、宗教，談歸談，聽歸聽，他們絕不會將自己的觀點強加在別人頭上。

猶太人認為求同存異的原則同樣適用於親友往來，更有助於將自己的交際圈擴大。他們認為要做到求同存異，「尊重」是基礎，還需要有耐心，有一顆寬容包涵的心。這樣在說明自己的觀點時既表達得舒暢，又能從他人不同的見解中不斷學習新的東西。

2. 走出封閉的小圈子鋪路搭橋

能夠幫助你改變你世界的公式是什麼呢？記住、理解並在一整天中時常重複著說：人的心理所能設想和相信的東西，人就能用積極的心態去取得它。這是自我暗示的一種形式，是取得成功的一句自我激勵語。

世界上不是每個人都要面臨著十分巨大的困難，但是每個人都存在著若干問題。每個人都能透過暗示或自我暗示讓激勵標記產生作用。一種最有效的形式就是有意記住一句自我激勵語句，以便在需要的時候，這句話能從下意識心理閃現到有意識心理，如：「我激勵你！」

西元 1874 年，托馬斯·沃森生於美國紐約州北部一個貧困的農民家庭。父親是來自英國的移民，靠伐木和種地謀生。17 歲時，沃森便趕著馬車替老闆到農戶家推銷縫紉機、鋼琴和風琴。他整天奔波在崎嶇的鄉間小路上，挨家挨戶兜售。一開始，他對老闆付給他每星期 12 美元的薪資還很滿意。

一天，他從另一個業務員那裡得知，他實際上被老闆耍了，因為其他業務員通常拿的是佣金，而不是薪資，如果按佣金計算，他每個星期應得 65 美元。這一晚，他輾轉反側，心中憤憤不平，老闆真是欺人太甚。第二天，他辭去這份工作，乘上火車，到大城市布法羅，希望能找到按佣金付酬的業務員工作。

適逢經濟蕭條，城裡工作也相當難找。兩個月過去了，他才被一家公司錄取為縫紉機的業務員。後來，他又推銷股票，好不容易積攢一筆錢，開了一家肉舖。但好景不長，他的合夥人在一個早上把他的全部資金席捲一空溜走了。肉舖倒閉，沃森破產了，只好又做起推銷的老本行。他在國民收銀機公司當一名業務員。幾經挫折的沃森，怎麼也沒想到，這正是他時來運轉、走上成功之路的起點。

國民收銀機公司的總裁約翰·亨利·帕特森是一個傑出的現代商業先驅，也是現代銷售術的鼻祖。沃森在他手下工作了 18 年，他的推銷藝術和經營之道對沃森產生了巨大而深刻的影響。在帕特森的嚴格訓練下，沃森如魚得水，充分發揮出自身的潛能。僅 3 年，沃森就成了公司的明星業務員，其佣金破紀錄地達到一星期 1225 美元。

托馬斯·沃森沒有滿足，他想：如果自己的位子再高些，那麼他會創造出更多財富。他堅持不懈地努力，終於，西元 1899 年，沃森被提升為分公司經理。到 1910 年，他已經成為公司中僅次於帕特森的第二號人物。

托馬斯·沃森的經歷無疑是他坐上管理階層的潛在因素。但是如果他滿足於每星期 12 美元的薪資，那麼不難想像，他永遠也不會成為僅次於帕特森的第二號人物。

如果我們像托馬斯·沃森一樣，眼中看到管理階層的位子，並且不斷地爭取，那麼就有可能成功。如果我們只是痴痴地夢想，指望會有伯樂的出現，那管理階層就永遠都是夢想。

要想坐到管理階層上，首先我們要把自己的眼光放遠，如果你沒有長遠的眼光，其他人怎麼放心把管理階層交給你呢？在工作上充分展現自己的能力，並且努力透過工作實踐學習，不斷提高自己，就不怕別人不賞識你。

3. 雙贏是一種必然的最佳選擇

這是發生在英國的一個真實故事。

有位孤獨的老人，無兒無女，又體弱多病。他決定搬到養老院去。老人宣布出售他漂亮的住宅。購買者聞訊蜂擁而至。住宅底價 8 萬英鎊，但人們很快就將它炒到了 10 萬英鎊。價錢還在不斷攀升。老人深陷在沙發裡，滿目憂鬱，是的，要不是健康狀況不好，他是不會賣掉這棟陪他度過大半生的住宅。

一個衣著樸素的青年來到老人眼前，彎下腰，低聲說：「先生，我也好想買這棟住宅，可我只有 1 萬英鎊。可是，如果您把住宅賣給我，我保證會讓您依舊生活在這裡，和我一起喝茶，讀報，散步，天天都快快樂樂的 —— 相信我，我會用整顆心來照顧您！」

老人頷首微笑，把住宅以 1 萬英鎊的價錢賣給了他。

完成夢想，不一定非得要冷酷地廝殺和欺詐，有時，只要你擁有一顆愛人之心就可以了。

佛界講究善惡輪迴，因果報應。其實在現實生活中，這種所謂的「因果報應」只不過是心存感激的受惠者對施惠者的一種報償而已。下面是比爾蓋茲先生曾經為他的員工講過的故事。

一天，一個貧窮的小男孩為了賺取學費正挨家挨戶地推銷商品。勞累了一整天的他此時感到十分飢餓，但摸遍全身，卻只有一角錢。怎麼辦呢？他決定向下一戶人家討口飯吃。當一位美麗的女孩開啟房門的時候，這個小男孩卻有點不知所措了，他沒有要飯，只乞求給他一口水喝。這位女孩看到他很飢餓的樣子，就拿了一大杯牛奶給他。男孩慢慢地喝完牛奶，問道：「我應該付多少錢？」女孩回答道：「一分錢也不用付。媽媽教導我們，施以愛心，不圖回報。」男孩說：「那麼，就請接受我由衷的感謝吧！」說完男孩離開了這戶人家。此時，他不僅感到自己渾身是勁，而且還看到上帝正朝他點頭微笑。

其實，男孩本來是打算退學的，但他放棄了這個念頭。

數年之後，那位美麗的女孩得了一種罕見的重病，當地的醫生對此束手無策。最後，她被轉到大城市醫治，由專家會診治療。當年的那個小男孩如今已是大名鼎鼎的霍華德·凱利（Howard Atwood Kelly）醫生了，他也參與了醫治方案的制定。當看到病歷上所寫的病人的來歷時，一個奇怪的念頭閃過他的腦袋，他馬上起身直奔病房。

來到病房，凱利醫生一眼就認出床上躺著的病人就是那位曾幫助過他的恩人。他回到自己的辦公室，決心一定要竭盡所能來治好恩人的病，從那天起，他就特別地關照這個病人。經過艱辛努力，手術成功了。凱利醫生要求把醫藥費通知單送到他那裡，在通知單的旁邊，他簽了名。

當醫藥費通知單送到這位特殊的病人手中時，她不敢看，因為她確信，治病的費用將會花去她的全部家當。最後，她還是鼓起勇氣，翻開了醫藥費通知單，旁邊的那行小字引起了她的注意，她不禁輕聲讀了出來：

「醫藥費 —— 一大杯牛奶。霍華德·凱利醫生」

許多人活一輩子都不會想到，自己在幫助別人時，其實就等於幫助了自己。他們會問：「明明是我去幫助他們，他們受惠，怎麼是幫助自己呢？我受的惠在哪裡呢？」其實一個人在幫助別人時，無形之中就已經投資了感情，別人對於你的幫助會永記在心，只要一有機會，他們會主動報答的。

一個極其寒冷的冬日的夜晚，路邊一間簡陋的旅店來了一對上了年紀的客人。不巧的是，這間小旅店早就客滿了。「這已是我們尋找的第十六家旅社了，這鬼天氣，到處客滿，我們怎麼辦呢？」這對老夫妻望著店外陰冷的夜晚發愁地說。

店裡的員工不忍心這對老人出去受凍，便建議說：

「如果你們不嫌棄的話，今晚就住在我的床鋪上吧，我自己在店裡打個地鋪。」老夫妻非常感激，第二天要照價付客房費，員工堅決拒絕了。臨走時，老夫妻開玩笑地說：「你經營旅店的才能真夠當上一家五星級酒店的總經理。」

「那好！起碼多些收入可以養活我的母親。」他隨口應道，哈哈一笑。

沒想到兩年後的一天，他收到一封紐約的來信，信中夾有一張往返紐約的雙程機票，信中邀請他去拜訪當年那對老夫妻。

他來到繁華的大都市紐約，老夫妻把他引到第五大街和三十四街交會處，指著那兒的一棟摩天大樓說：「這是一座專門為你興建的五星級飯店，現在我們正式邀請你來當總經理。」

因為一次舉手之勞的助人行為，美夢成真。

著名科學家愛因斯坦的兩次婚姻為我們提供了很好的參照。愛因斯坦的前妻米列娃（Mileva Marić）因不能容忍丈夫極少的關心與體貼，而只是與原子、分子、空間、時間為伴，便時常與其發生摩擦，而兩人的個性都很強，最後分手了。而第二任妻子艾麗莎（Elsa Einstein）卻是一個體貼入微，懂得尊敬與忍讓的人，她深知愛因斯坦的脾氣，從不干預丈夫的工作，讓他安心地完成事業。愛因斯坦受到感動，也在百忙之中抽出時間來陪妻子度過美好時光，甚至他在記者招待會上也曾說過：「艾麗莎不懂相對論，但相對論卻有她的一份心血。」

從上面的故事中我們發現，任何一種真誠而博大的愛都會在現實中得到應有的回報。

4. 眾人拾柴火焰高

一個人事業的成敗及工作的好壞在相當程度上受人際關係的影響，所以說成功在相當程度上取決於你擁有多大的影響力，與所有合適的人建立穩固關係對此至關重要。

猶太商人認為，那些事業有成的成功者，除了他們本身優越的條件外，還有一點，就是在他周圍有很多好朋友。這些朋友不斷給他出主意，對他提出高的要求，不讓他有絲毫的鬆懈和半點的放棄。為了自己的事業，你也需要一些能夠給你帶來幫助的朋友，需要有這樣良好的人緣。

要想獲得好的人緣，你應該時刻想著「我能為別人做什麼」，而不應該總是抱著「別人能為我做什麼」的想法。在回答對方的問題時，不妨補上一句：「我能為你做些什麼？」

日本保險業務員、猶太人吉田就是靠好的人緣而取得事業成功的。

猶太人吉田是日本一家保險公司的業務員。一天，吉田正要去車站搭車，可是當他趕到車站的時候，電車正好開走，而下一班車還得再等 20 分鐘。吉田突然看到月臺對面有一塊醫院招牌，於是吉田快速地向這家醫院走去，才到門口，便碰上了穿著白褂的醫生。吉田一時沒有回過神來，便直切話題：「我是保險公司的吉田。請你投保！」

遇上這麼一位冒失的業務員，醫生一時不知道該怎麼回答他。然而很快，這位醫生對吉田的單刀直人產生了興趣。

「你向我推銷保險的方式真是有意思啊，速度也太快了吧。不過我想和你聊聊，進來坐坐吧。」

進了醫院，吉田將平時學會的保險知識全盤托出，最後還加了一句：「今天我拜訪了很多人，現在到了你這裡」。結果醫生說：「哇，我看再不快捲鋪蓋逃命，我的老命也不保了，哈哈哈哈……」

雖然醫生幽默地開玩笑說要逃命，其實在這之前，他已經買了保險，也知道吉田對推銷保險不是很熟。可是看在吉田態度認真的分上，便將心裡話說了出來：「保險實在高深莫測。不瞞你說，我已買了好幾份保險，每次都被保險業務員說得天花亂墜，可事後心裡還是有一種不踏實的感覺，我這裡有兩張保單，就當是學習，你拿回去，幫我評估一下。」

吉田拿著這兩張保單，充當醫生的家人，分別拜訪了醫生投保的公司，在了解了相關的內容後，他製作了一本圖文並茂的解說筆記。重要的地方就在下面畫上記號，好讓醫生容易了解。

當醫生把解說筆記交給他的會計師看時，會計師給予極高的評價，而且還當面建議醫生向吉田買保險，結果，醫生就正式要求吉田為他重新組合設計他現有的那六張保單。

於是吉田根據醫師的需求，將原本著重身後保障的死亡保險，轉換為適合中老年人的養老保險與人壽保險。這次推銷活動使他有了一次難得的比較各家保險公司保險商品的機會，同時，她也從醫生那裡贏得了一份高達 800 萬日元的定期給付養老保險契約的業績。

後來，這位醫生又將吉田介紹給幾位要好的醫生朋友。這幾位醫生，也都請求吉田為他們評估現有的保單。而吉田也會耐心地為他們製作解說筆記，詳細記錄何時解約會得到多少解約金、不準時繳費的結果、殘廢後的稅賦問題等等。就這樣，在他業績上升的同時，也認識了很多的朋友。

隨後，吉田不斷運用由一個朋友到一批朋友的方法擴大現有的市場，同時努力建立良好的關係。因為他和別人的關係處理得很好，有些客戶就會以「回饋一張保單」的方式，為他介紹更多的客戶，使他的業績一直保持著最高記錄。

吉田因此成了年輕的百萬富翁。

可見，懂得編織社會關係網的人，會不斷地發展和建立新的關係網，人際交往中，好人緣能讓人少去很多憂愁。一個好的人緣就是一張廣大而伸縮自如的網。可以使你的生活更加輕鬆，財富也會隨之而來。

猶太人本身就是一張巨大的網絡，他們之間不分彼此是哪國人。即使是居住在不同的國家裡，他們之間仍然能夠保持緊密的連繫。他們隨時把生意的資訊射向世界的四面八方，紐約、倫敦、莫斯科……

一個人的交際範圍廣闊，成功機會便會相應增加。如果你希望早日獲得商業上的成功，須有良好的人際關係。實際上，所謂的「走運」多半是由良好的人際關係展開的。做法、想法與你的才華的人，一定會在將來的某一天為你帶來好運。

信任的基礎是什麼呢？是互相之間對人品的了解與欣賞，是人與人之間無法用金錢來衡量的友情。

西元前四世紀，在義大利，有一個名叫皮斯阿司的年輕人觸犯了法律被判絞刑，將在某個法定的日子被處死。皮斯阿司是個孝子，在臨死之前，他希望能與遠在百里之外的母親見最後一面，以表達他對母親的歉意，因為他不能為母親養老送終了。國王知道了他的要求，感其誠孝，決定讓皮斯阿司回家與母親相見，但條件是皮斯阿司必須找到一個人來替他坐牢，否則他的這一願望只能是鏡中花、水中月。這是一個看似簡單，其實近乎不可能實現的條件。有誰肯冒著被殺頭的危險替別人坐牢，這豈不是自尋死路。但，茫茫人海，就有人不怕死，而且真的願意替別人坐牢，他就是皮斯阿司的朋友達蒙。

達蒙住進牢房以後，皮斯阿司回家與母親訣別。人們都靜靜地看著事態的發展。日月如梭，皮斯阿司一去不回頭。

眼看刑期在即，皮斯阿司也沒有回來的跡象。人們一時間議論紛紛，都說達蒙上了皮斯阿司的當。行刑日是個雨天，當達蒙被押赴刑場之時，不僅圍觀的人都在笑他的愚蠢，說那真叫愚不可及，而且幸災樂禍的大有人在。但刑車上的達蒙不但面無懼色，反而有一種慷慨赴死的豪情。

絞索已經掛在達蒙的脖子上。膽小的人嚇得緊閉了雙眼，他們在內心深處為達蒙深深地惋惜，並痛恨那個出賣朋友的小人皮斯阿司。但就在這千鈞一髮之際，在風雨交加中，皮斯阿司飛奔而來，他高喊著：「我回來了！我回來了！」

這真正是人世間最最感人的一幕。大多數的人都以為自己在夢中，但事實不容懷疑。這個消息宛如長了翅膀，很快便傳到了國王的耳中。國王聞聽此言，也以為這是痴人說夢。國王親自趕到刑場，他要親眼看一看自己優秀的子民。最終，國王萬分喜悅地為皮斯阿司鬆綁，並親口赦免了他的罪行。

真正的朋友之間不存在任何懷疑，就像達蒙為朋友不惜性命一樣，其實達蒙在信任皮斯阿司的同時，又何嘗不是得到了皮斯阿司誠信的回報，這才是朋友真正的意義。

真誠能打動人，真誠能贏得一切。

在美國南北戰爭期間，有位少女找到林肯，要求總統開一張去南方的通行證。

林肯說：「戰爭正在進行，妳去南方做什麼呢？」

少女說：「去探親。」

「那妳一定是個北方派，妳去勸說一下你的親友們，讓他們放下武器。」林肯高興地說。

那少女說：「不！我是個南方派，我要去鼓勵他們，要他們堅持到底，絕不失望。」

林肯很不高興，「妳以為我能給你通行證嗎？」

少女沉著地說：「總統先生，我在學校讀書時，老師就給我們講誠實的林肯的故事，從此，我便下定決心要學習林肯，一輩子不說謊。我不能為了一張通行證而改變自己說話、做事都要誠實的習慣。」

林肯被少女誠摯的話語打動了，他在一張卡片上寫道：「請讓這位女孩通行，因為她是一位信得過的人。」

沒有人不喜歡真誠，真誠是生活中的通行證，有了這張通行證，你就會在生活中暢通無阻，一帆風順。

「凡事留有餘地」是社交中的一種禮節和美德，正如把魚的另一面留給別人。

阿豬小時候家裡很窮。一天，有個客人到他家，難得的誘人的魚香，令他垂涎不已。阿豬當時才 6 歲，還不懂得掩飾自己，他吵著要吃魚，母親答應了，但是有個條件：等客人吃飽後方可上桌。

阿豬不聽：「等客人吃飽了，魚不就被他吃光了？」母親答道：「知禮的客人絕對不會將魚翻過面來吃，另外一面一定還是好好的。不信你去窗邊看看……」

阿豬來到窗邊，踮著腳尖往裡看，眼睛盯著桌上的那條魚。忽然間，客人用筷子把魚翻了個身……阿豬失望地跑回廚房，撲進母親懷裡大哭起來。母親也哭了，她不知如何安撫阿豬的心。

幾十年過去了，生活水準提高了，阿豬也成了一名經理。但在所有的應酬宴請中，每當有魚上桌時，阿豬就會回憶起兒時那傷心的一幕。每次，他總是不輕易把魚翻身，因為他永遠記住了母親的那句話：知禮的客人，是不會把一條魚全吃光的。

阿豬是聰明的，他沒因那次沒有吃到魚而遺憾，相反地卻明白了一個做人的道理：「凡事留有餘地。」

「凡事留有餘地」，這是一條重要的做人準則。在你留有餘地的同時，別人也會因此而受益匪淺。

耐心傾聽別人說話。猶太人認為，成功交際並沒有你想像中的那麼神祕，只要你能專心致志地注意，但有些人卻不明白這個道理，他們總是認為自己很了不起，一談起話來，他們老是想到自己。這樣的人在經商的道路上不可能成功。

人的一生非常短暫，不要總是在別人面前成就自己，讓別人談論自己，表面上你失去了很多，實際上你獲得親情、友情、金錢，甚至比這更多。

西方電話公司經理博洛莫在他事業成功的經驗裡有這樣一條：耐心傾聽別人的怨言。

這條經驗還有一個小經歷呢。當時博洛莫只是西方電話公司的小員工。收到一封客戶的客訴單，訴說了他對電話公司服務的不滿，言辭非常激烈。並且他強調，如果電話公司不給他一個交代，他就會讓更多的人知道這些事。

公司讓博洛莫去調解這件事。博洛莫了解到那位客戶的住處後就親自登門道歉。

客戶是個脾氣倔強的老頭，當他得知博洛莫是電話公司派來的人，臉色馬上沉了下來，沒說幾句話就大發牢騷。

博洛莫在老頭破口大罵時，沒有解釋一句，沒為電話公司說一句好話，只是恭敬地讓老頭將心中的怒火盡情地發洩。

過了好一會兒，老頭說累了，埋怨的話也說完了，等到他停下來的時候，博洛莫才說：「先生，我首先代表電話公司的全體員工向您道歉，由於我們工作的疏忽給你造成不便，這是我們的失職。希望您剛才已經把怒火發洩掉了，請您原諒。」博洛莫說完後，老頭的態度慢慢平靜了下來，臉上終於有了微笑，他緩緩地說道：「這話讓我聽得舒服，我也請你原諒我剛才的粗魯，我是針對那混蛋的電話公司的。」

博洛莫見老人的怒氣全消了以後，才對他說：「您給電話公司提的意見我們會虛心接受，不過我想知道現在您是否覺得問題已經得到圓滿解決了，否則我是不能回去的。」

「好了。」老頭說：「看在你的面子上，那件事就讓它過去吧，我保證不再往電話公司投訴。」

就這樣，博洛莫順利地解決了這件看似棘手的事情。

5. 沒有永遠的敵人，只有永遠的利益

隨著年齡的增長，我們都在不斷地變化。變得越來越成熟，越來越聰明，也越來越善於自我保護。我們用「世故」為自己建築了一個堅硬的外殼，在這個社會中謹慎的周旋著，不斷地在利弊得失之間精打細算，只想到索取卻從不願付出。我們就這樣一面抱怨著人與人之間的真誠越來越少了，一面告誡自己「逢人只說三分話，未可全拋一片心」。也許改變的不是別人，不是這個世界，而是自己。因為自己不再謙遜，所以這個世界變得貪婪；因為自己不再單純，所以這個世界變得複雜；因為自己不再誠摯，所以這個世界變得虛偽……

公平不是總存在的，在生活學習的各個方面總有一些不能如意的。但只要適應它，並堅持到底，總能收到意想不到的成效。

「A」位於「B」之前，這是一種排列序號，也是前大於後的價值。但是，比爾蓋茲卻無視這種傳統的規定，專注於自己追求的夢想。

在比爾蓋茲讀中學的時候，他接到全國最大的國防用品合約商 TRW 公司的電話，要他南下面試。為了實現自己的

夢想，比爾蓋茲徵得了學校的同意，參加三個月的「臨時工作」。

三個月後，比爾蓋茲回到學校。他補上三個月落下的功課，並參加期末考試。對他來說，電腦當然不在話下，他毫不擔心。其他功課他也很快趕上了。結果他的電腦課老師只給了他一個「B」，原因當然不在於他考試成績不佳 —— 他考了第一名 —— 而是他從不去聽這門課，在「學習態度」這條標準中被扣了分。

但比爾蓋茲並沒有抱怨什麼，而是接受了這種不公平的現實，並把這種得失置之度外，集中精力做數據的編碼工作，他成了名副其實的電腦程式設計師，具備了程式設計的堅實基礎和豐富經驗，最終成就了自己享譽全球的事業。

生活是不公平的。這著實讓人不愉快，但確是實情。我們許多人所犯的一個錯誤便是為了自己、或為他人感到遺憾，認為生活應該是公平的，或者終有一天會是公平的。其實不然，現在不是，將來也不會。

面對對手，我們的內心會產生強烈的危機感。在危機面前有兩種選擇，要麼放棄，要麼全力以赴。懦弱的人選擇放棄，自信的人取得了勝利。

美國華爾街的人都買一位叫傑克的報童的報紙，他很勤奮，第一天沿街叫賣，嗓音也響亮，賣出的報紙也很多。

有一天忽然多了一個報童亨利，他初來乍到，沒有經驗，每天只能賣出很少的幾份報紙。面對傑克這樣的強手，亨利要麼放棄賣報，要麼就戰勝傑克。賣報的收入對他太重要了，他準備用這些錢給母親維持生活，還能夠在聖誕節時送給妹妹一個布娃娃。

隨著時間的推移，亨利漸漸地累積了賣報的經驗，他每天很早就去沿街叫賣，並且堅持去一些固定場合，去了以後給大家分發報紙，過一會兒再來收錢。他跑的地方越來越熟，報紙賣出去的也越來越多，雖然有些損耗，但比起收入來，簡直不值一提。

漸漸地，傑克的報紙生意冷清了，最後不得不另謀生路。而亨利不僅每個月都給母親一些錢，替妹妹買了她最喜歡的布娃娃，還為自己買了一輛嶄新的送報車。

那麼亨利是怎樣看待這樣件事的呢？我們來聽一聽他的經驗。

亨利在報紙上讀過一句話：「認為自己不亞於他人，實際上是相信自己強於他人。」這句話讓他想到，他雖然比傑克賣報的經驗少，但是他覺得自己並不比他差，他告訴自己要比他辛苦，要做的比他更好。

小亨利之所以成功，源於他的聰明，更源於他的自信。自信支撐他成為強者。

「認為自己不亞於他人，實際上是相信自己強於他人。」當美國編輯、小說家和散文家豪（Edgar Watson Howe）說出這樣的話時，他肯定不會想到他的一句話會導致一個報童的成功。

每個人的一生都像在為自己繪一幅巨畫，每一筆都會遇到對手，面臨強大的對手。我們要有不亞於人，相信自己強於他人的信心，那麼我們畫出的將是明亮而流暢的一筆，成功的一筆，會增強我們對創造自己生活能力的信心。而假如我們內心失去了自信，我們就可能為自己新增敗筆，從而導致一生的遺憾。

聰明的朋友，當你面對對手時，不要被對方的優勢所嚇倒，讓豪的那句話像激勵亨利一樣激勵你，我們誰都不亞於他人，我們實際上強於他人。

某禪寺聚集了許多的學僧，他們正在寺裡的圍牆上，草擬一幅龍爭虎鬥的寺院壁畫。

圖中，龍在雲端盤旋，正作勢向下俯衝;老虎盤踞山頭，亦作勢向前撲。可是雖然經過他們多次修改，但大家感覺不夠栩栩如生。

就在大家議論紛紛中，剛好禪師從外面回來，大家就請禪師對他們的畫表示一些意見，好加以改進。

禪師仔細地看了後，說道：

「畫得很好，但，龍與虎的特性並沒有掌握住，所以看起來總覺得缺少些什麼。龍在攻擊之前，其頭必向後縮；虎要向前撲時，頭則向下壓低。龍頭後的角度愈大，虎頭愈貼近地面，也就衝得更快，跳得更高。」

大家聽了禪師的說明，大有所悟地齊聲向禪師說：「禪師真是一語道破，怪不得大夥總覺得牠們缺點什麼，好像想飛飛不起，想跳跳不高的感覺。」

禪師藉機說教，告訴大家：

「為人處世，參禪修道的道理也是一樣的，退一步準備之後，才能衝得更遠；謙卑地反省之後，才能爬得更高。龍為獸中之靈，虎為獸中之王，同樣也要以退為進，以伏為高，以謙為尚，以此原則來參禪，修道，為人處世，不也很相宜嗎？」

第八章
用行動實現自己的財富夢和生命藍圖

我們既沒有力量也沒有機會去完成自己所構想的一切善行與惡舉。

—— 沃維納格

也許你早已經為自己的未來勾勒了一個美好的藍圖，但是它同時也給你帶來煩惱，你感到自己遲遲不能將計畫付諸實施，你總是在尋找更好的機會，或者常常對自己說：留著明天再做。這些做法將極大地影響你的做事效率。因此，要獲得成功，必須立刻開始行動。任何一個偉大的計畫，如果不去行動，就像只有設計圖紙而沒有蓋起來的房子一樣，只能是一個空中樓閣。

有一個人，從確立了他的目標開始，時刻記得行動才是第一位的。

這個人就是那個成功者，命運所垂青的人！

1. 讓想法更有價值

我們旅行到鄉間，看到一位老農把餵牛的草料鏟到一間小茅屋的屋簷上，不免感到奇怪，於是就問道：

「老先生，你為什麼不把餵牛的草放在地上，讓牠吃？」

老農說：「這種草品質不好，我要是放在地上牠就不屑一顧，但是我放到讓牠勉強可吃得到的屋簷上，牠會努力去吃，直到把全部草料吃個精光。」

一位僑居海外的華裔大富翁，小時候家裡很窮，在一次放學回家的路上，他忍不住問媽媽：「別的小朋友都有汽車接送，為什麼我們總是走回家？」媽媽無可奈何地說：「我們家窮！」「為什麼我們家窮呢？」媽媽告訴他：「孩子，你爺爺的父親，本是個窮書生，十幾年的寒窗苦讀，終於考取了狀元，官達二品，富甲一方。哪知你爺爺遊手好閒，貪圖享樂，不思進取，坐吃山空，一生中不曾努力做過什麼，因此家道敗落。你父親生長在時局動盪戰亂的年代，總是感嘆生不逢時，想從軍又怕打仗，想經商時又錯失良機，就這樣一事無成，抱憾而終。臨終前他留下一句話：大魚吃小魚，快魚吃慢魚。」

「孩子，家族的振興就靠你了，做事情想到了看準了就得行動起來，搶在別人前面，努力地做才會成功。」他牢記媽媽的話，以十畝組田和三間老房子為本錢，成為今天《財富》華人富翁排名榜前五名。他在自傳的扉頁上寫下這樣一句話：「想到了，就是發現了商機，行動起來，就要不懈努力，成功僅在於領先別人半步。」

有個人是美國海岸警衛隊的一名廚師。空閒時間，他代同事們寫情書，寫了一段時間以後，他覺得自己突然愛上了寫作。他給自己訂立了一個目標：用兩到三年的時間寫一本長篇小說。為了實現這個目標，他立刻行動起來。每天晚上，大家都去娛樂了，他卻躲在屋子裡不停地寫啊寫。這樣整整寫了 8 年以後，他終於第一次在雜誌上發表了自己的作品，可這只是一個小小的篇幅而已，稿酬也只不過是 100 美元。他沒有灰心，相反他卻從中看到了自己的潛能。

從美國海岸警衛隊退休以後，他仍然寫個不停。雖然稿費沒有多少，欠款卻越來越多了，有時候，他甚至沒有錢買一個麵包。儘管如此，他仍然鍥而不捨地寫著。朋友們見他實在太貧窮了，就幫他介紹了一份在政府部門的工作。但他拒絕了，他說：「我要做一個作家，我必須不停地寫作。」又經過了幾年的努力，他終於寫出了預想的那本書。為了這本書，他花費了整整 12 年的時間，忍受了常人難以承受的艱難困苦。因為不停地寫，他的手指已經變形，他的視力也下降了許多。

然而，他成功了。小說出版後立刻引起了巨大的轟動，僅在美國就發行了160萬冊精裝本和370萬冊平裝本。這部小說還被改編成電視劇，觀眾超過了一億三千萬，創電視收視率歷史最高紀錄。這位真正的作家獲得了普立茲獎，收入一下子超過500萬美元。

這位作家的名字叫哈利（Alex Haley），他的成名作就是我們今天經常讀到的《根》。

2. 用行動實現財富夢想

有人說，心想事成。這句話本身沒有錯，但是很多人只把想法停留在空想的世界中，而不落實到具體的行動中，因此常常是竹籃子打水一場空。當然，也有一些人是想得多做得少，這種人只比那些純粹的「心動專家」要強一些，要好一些。

事實上，生活中許多人常常把失敗的原因歸咎於外部因素，而不是從自身找到失敗的原因。其中最普通的一條是：這些人常常是一名幻想大師，面對那些看不見、摸不到的東西時時心動不已，總以為光憑自己的意願就能實現人生理想，就能過自己想過的日子，就能成為一個被人羨慕的人。拋開這些特定的人不講，實際上在我們身邊，那些天天抱頭空想自己未來的人，之所以沒有人生的進展，就在於他們都是「心動專家」，而不是「行動大師」。

猶太人認為，金錢成就崇尚它的人。只有你喜歡金錢，欣賞金錢的作用，你才會想盡辦法賺錢，而不會把它亂花掉。金錢就是猶太人眼裡的價值觀標準。

猶太教經典《塔木德》裡提到許多有關金錢的教誨。如：

人的身體各部分皆依靠心而生存，心則依靠錢包為生。

煩惱、爭吵、空空的錢包是傷害人們的三種東西。其中最會傷人的是空錢包。一旦錢幣叮噹作響，壞話便立即戛然而止。

只要有錢在流通，就必須要猶太人在其中作「媒介」。猶太人就可以在人類生活中占有不可替代的位置，這個時候猶太人是不能被滅絕的。

猶太人認為有錢是一件很好的事情，他們反對奢侈，認為奢侈是一種相當愚蠢的行為，因此他們絕不會輕易浪費每一分錢。在猶太商人的眼裡：每個人的生命，原理上是指向更富裕的生活，應該過著更富裕、更美好的生活，而貧窮違反了生命本來的欲求。可是過去有很多哲學和宗教都把貧窮說成是一種美德，這種看法是在一種特殊的情況下產生的。說起來這種想法，其實是一種自我安慰罷了！這種價值觀是違反生命常理的，我們不應該尊崇。別忘了，生命常理就是每一個人都擁有富裕權利，而貧窮等於是生命常理的作用不足，是一種不該有的現象。

猶太商人認為，富裕、充足，每個人都應有份。如果你不斷去追求，不斷去奮鬥，總有一天你會認識這條規則——人人都能成為百萬富翁！

猶太商人最喜愛的一句話就是：「你要，你就會得到。」對於一個想致富的人來說：保持富裕意識比能力和知識更重要。富裕意識是一種永遠有大量的金錢足夠分配的意識。那些真正生活富足的人們知道創造財富和富裕是他們自己思想傾向的一個功能，因此他們從不擔心擁有過多。

你應將注意力放在擴充條件上。如果你保持富裕意識，那麼你就不會失去創造富裕的機會。你的觸角將在搜尋新的、激動人心的機遇，你的思想將開放著擁抱它們。

有一點你必須注意的是，不是當你變得「富裕」時你才突然產生富裕意識，那是另一回事。一旦你有了富裕意識，你離富裕的時間也就不遠了。

伊利諾伊州萊爾鎮的 14 歲女孩希瑟·柯克是《家庭新聞報》的主編。希瑟認為她所有的親戚都應該知道彼此的近況，因此每隔幾個月，她就編一期《家庭新聞》。她母親替她影印 50 份，她就把它們一一寄出。收到《家庭新聞》的親戚有 73 人，分別在九個州，年齡從 4 歲到 94 歲。由於這份報，希瑟的家族能夠保持連繫，這是大多數家庭都辦不到的。

大家喜歡《家庭新聞報》，是因為它溫馨親切，那上面寫的都是些普通而簡單的話語，但對於閱讀它的人來說，卻十分親切。以下是它的一些報導：

「凱文參加高爾夫球比賽，在他那一組得了第一名，他開心極了！」

「麥特長出了第二顆牙。他整天在地上來回跑，到他想到的地方去。」

「奶奶、希瑟和凱文把落葉掃到一起，然後在後院把它燒掉。冒出很多煙，飄到了街上。」

「史提夫買了輛新的小車，深藍色的，你簡直可以住在裡面。」

「希瑟開始編《家庭新聞》時，只有七歲，」她母親珍妮說，「那時我沒有預期它能維持到今天。可是對她和我們家裡每個人說，這刊物很重要。它造成了一種團結作用。我的小叔湯姆捐錢買郵票。叔叔法蘭克從不寫信給別人，但居然寫信給希瑟，請她繼續出報 —— 他不可能收到比它更重要的報紙。」

希瑟不認為編這份報是苦差。「它很有趣，」她說，「我一有時間就去拜訪親人，看有沒有新鮮事，然後發表在下一期。最令我開心的事情，是聽到親人說它對他們多麼重要。我計劃一直編下去，直到我真正老了 —— 比方說 18 歲。」

希瑟把《家庭新聞報》堅持辦下來的理由就是「它很有趣」。不論從事什麼職業，只要對這個職業產生興趣，就可以在工作做到最完美的同時，保持一個愉快的心情。

對工作感興趣，就會產生積極的工作態度，這種態度可以讓我們展現對工作的熱誠，並且像沙中的金子一樣，讓我們表現得最為耀眼。

3. 從小錢賺起，從長遠考慮

猶太人認為，只要有賺錢的機會，就不能放棄，即使是1美元也要賺。這是一種心態，與賺多賺少沒有關係，只要能賺到錢就能夠得到滿足。

「即使是1美元也要賺」的賺錢觀念表明：猶太人對於「避實就虛，化整為零，積少成多」的策略了解得透澈而且應用自如。

年輕富翁戈德曼控制著世界金融市場，他小時候受過很多苦，10歲時就自己賺錢。在暑假期間，每天凌晨4點起床，把晨報和烤麵包片分送到各家。這樣，每個星期下來都能賺幾十美元。他不會放棄每一個賺錢的機會，哪怕只賺一美元。這為他長大後累積財富打下了堅實的基礎。

有些人一開始就擺出一副要賺大錢的架勢，小錢不去賺，結果常常是兩手空空，一分錢也沒賺到。

其實，有很多大富翁、大企業家，都是從賺小錢起家的。從賺小錢開始，可以培養你的自信。因為，賺小錢容易，每當賺到第一筆錢後，你就會對自己的能力有所了解，你就會相信自己也有把事情做大的能力。

賺小錢不需要太大的本錢，不用承受太大的風險。

賺小錢可以培養自己踏踏實實做事的態度。

賺小錢為賺大錢累積經驗。

有時候小錢也是不好賺的，也需要付出艱苦的努力和代價。

吉威特是美國建築業鉅子，被稱為「土木建築大王」，1960 年代資產就已達 2 億美元。但他的經營方法仍然是「哪怕是 1 美元也要賺」，所以，他能夠在事業上取得成功。

吉威特公司的經營內容，鮮為人知，因為吉威特往往這麼回答訪問者：「即使公司非常著名，它所承建的工程不見得就能相對地增加。有關本公司的經營內容，無可奉告。」但是，這位 65 歲的土木建築大王，不僅稱霸建築業，同時在煤礦、畜牧、保險、出版、電視公司甚至新聞界，都有非常好的業績，這是各界人士共知並予以承認的。

吉威特身為一個大企業家，其成功的關鍵就在於他那獨特的經營哲學，也就是他常說的：「絕不放棄每一個賺錢的機會，哪怕是 1 美元。」然而，僅以此為例，還不足以說明吉威特的一切，我們還要從各方面來認識吉威特這個人。吉威特是一位完全靠自己的力量成功的代表，這多少有點保守。譬如，他經營金融公司的目的是什麼？其主要目的是要使自已所有的子公司的業務往來及資金週轉由自己的公司來經手，不肯把這筆錢給其他行業去賺。這樣經營的結果，一方面可以保證自己不受制於他人，保持金融上的自主性；另一方面亦可以趁此經營金融公司，在金融業插上一腳，的確一舉兩得，處處得利。

再以他創辦保險公司為例，凡在吉威特手下工作的員工，其人壽保險、健康保險以及各子公司的業務保險等，都由自已的保險公司承辦。這樣一來，不僅沒有把好處讓給別人，對外營業方面也可以大賺一把，確實是合算之舉。吉威特建築公司所使用的土木機械，同樣是向公司租賃。總之，依據吉威特的經營哲學，不可放棄每一個賺錢機會，公司在他的領導下，業務蒸蒸日上，他那家建築公司可獲得更大的利潤。

一般說來，承建一項工程。合約的利潤率平均是 20%，但吉威特卻有辦法確保 30%。而且，吉威特對於工程費的投標，總是低於其他公司。

譬如，他向美國原子能委員會所承建的俄亥俄州濃縮燃料工廠的建設工程，吉威特使工程費用比合約金額低 2.6 億美元，而且還使完工日期比合約規定早。

在「即使是 1 美元也要賺」的經營哲學下，吉威特仍然沒有忘掉顧客的利益。

不要老想著一步登天，要實實在在從小錢賺起，一點一點累積，在賺錢的過程中體驗，才有創造的快樂，才有成功的感覺。

現代社會每個人都想出去闖，都希望闖出一番事業來。

對一般人來說，沒有大筆的資金就難以創業。很多人是扼腕空嘆，不知所為。「即使是 1 美元也要賺」與猶太人的另一個生意經息息相通：「生意從不嫌小，收費從不嫌高。」

生活從腳下開始，從自己的實際出發，能開多大的花就開多大的花，能賺多少錢就賺;踏踏實實去賺錢，光明磊落，才是現代社會上真正的英雄。

一個明智的人絕不會低估他所借到的一塊錢或者他所得到專家的忠告。正是使用他人資金和一項成功的計畫，再加上積極的心態、主動精神、勇氣和通情達理等成功原則，導致了一個叫做查理的美國孩子變成了鉅富。

德州東北部達拉斯城的查理是一位百萬富翁。然而他在 19 歲時，除了找到自己的工作和省下了一點錢以外，並不比大多數十幾歲的孩子更富裕。

查理每星期六都定期到一家銀行去存款，這家銀行的一位職員便對他產生了興趣。因為這位職員覺得他有品德，有能力，並且又懂得錢的價值。

所以當查理決定自行經營棉花買賣的時候，這位銀行家就貸款給他。這是查理第一次使用銀行貸款。正如你將看到的那樣，這並不是最後一次貸款。於是他領悟到「你的銀行家就是你的朋友」，並且從那時起，他的這個看法一直受到了證實。

這個年輕人成了棉花經紀人，大約過了半年以後，他又成了騾馬商人。成功使他深刻地領悟了一個人生哲理 —— 通情達理。

查理當了騾馬商人幾年之後，有兩個人來找他，請他去為他們工作。這兩個人已經贏得了卓越的保險業務的好聲譽。他們來找查理，因為他們從失敗中取得了一個教訓。情況是這樣的：這兩位業務成功地推銷人壽保單許多年，他們受到激勵，自己創辦了一個保險公司。他們雖然是出色的業務，但卻是蹩腳的商業管理員，因此，他們的保險公司總是賠錢。

人們常常認為要想在商業中取得成功，只有依靠銷售。這是一個荒唐的見解，拙劣的經營管理賠錢的速度比賺錢的速度更快。他們的苦惱就是他們中沒有一個是優秀的管理人員。

但是他們取得教訓，在見到查理時，其中的一個對查理說：「我們是優秀的業務。現在我們意識到我們應當堅持自己的專長 —— 銷售。」他猶豫了一會兒，審視著這位年輕人的眼睛，又繼續說：「查理，你有良好的經營知識，我們需要你。我們一起就能成功。」

就這樣，他們開始一起工作。

幾年以後，查理購買了他和那兩個業務所創辦公司的全部股票。他是怎樣得到這筆錢的呢？當然，他是向銀行貸款的。記住，他很早就領悟到，應把銀行家作為自己的朋友。

4. 不做金錢的奴隸，管好財富

錢是一面窺視人格的鏡子。

在兩千多年的流散歷程中，猶太人歷經迫害、放逐乃至屠戮，卻終未被同化，這和他們所擁有的金錢有著不可分割的關係。因為一個民族一旦掌握了金錢，他便掌握了生存和發展的權利。他不僅可以用金錢對付外族的侵略和演化，還可以利用金錢增加抵抗的力量。

聰明的猶太人把錢當作一把雙刃劍，既認識到錢可以讓人生存，也認識到錢可以腐蝕掉一個人的靈魂。所以，猶太人認為，錢是窺視人格的兩面鏡子，既可以看出一個人的高尚。也可以看出一個人的卑微。

有這樣一個故事，在猶太人中間廣為流傳：

在一個安息日，三個猶太人來到耶路撒冷。他們身邊帶著過多的錢，不太方便。於是大家商議把所有的錢埋起來，然後就出發了。結果，其中一個人偷偷地溜回來，把所有的錢都挖走了。

第二天，大家發現錢都沒有了，便懷疑是自己人偷的，但又沒有證據證明是哪個人，於是，三個人便一起去所羅門王那裡請求仲裁，所羅門王向來以斷案英明著稱。

所羅門王了解事情經過後，什麼話也沒問，只是說：「我這裡也有道題解不開，請你們幫忙解決一下，然後我再為你們裁決。」

所羅門王的問題是這樣的：

有個女子和一個男人訂了婚約。但不久，她又愛上了另一個男子。於是，她便向未婚夫提出解除婚約並願意給未婚夫一筆錢作為賠償。這個男青年沒有要賠償金，而且痛快地答應了她的要求。女子家境富裕，很不幸被一個老頭拐騙了。後來，女子對老頭說：「我以前的未婚夫不要我的賠償金就和我解除了婚約，所以，你也應該如此待我。」

於是，老人也同樣答應了她的要求。

所羅門王講完故事後，就問女子、青年和老頭，哪一個的行為叫人稱讚。

第一個認為，男青年不強人所難，連賠償金也不要，其行為可嘉。

第二個認為，女子為了愛情，有勇氣和未婚夫解除婚約，其行為可嘉。

第三個人說：「這個故事叫人摸不著頭緒，那個老頭為了錢誘拐女子，可卻沒有拿錢就放她走了，這又是為什麼呢？」

於是，所羅門王大吼一聲：「錢是你偷的！」

然後，所羅門解釋道：「他們兩人關心的是故事中人物的愛情和個性。而你卻只想到錢，這正是小偷的職業敏感，所以你是小偷。」

猶太人的這則故事說明對於錢的態度是一個人人格高低的展現，高尚的人由於注重道義而往往忽視錢，而品行卑劣的人心中只有錢而沒有道義。在現實生活中，猶太人也往往根據一個人對於金錢的態度判斷一個人的品行。

也許你現在貧窮，但只要你勇於進取，不怕艱辛，終有一日你也會出人頭地，擁有輝煌成就。

梅隆家族是美國的超級鉅富，第一次世界大戰以後，它壟斷了新興的製鋁工業；第二次世界大戰以後，梅隆財團第一代創始人湯瑪士·梅隆（Thomas Alexander Mellon）則是這份家業的開拓者。梅隆家族世世代代生活在愛爾蘭鄉間，雖有很好的土地，但仍然比較貧困。湯瑪士·梅隆 14 歲在種蕎麥時，在犁過的田上發現了一本散落的《班傑明·富蘭克林自傳》，從這本書裡，湯瑪士看到了像他一樣的普通人，也可以富有教養、通達事理、出人頭地。他後來寫道：「我看到了富蘭克林，他比我還窮，但憑著勤奮、節儉，他終於變成了才識出眾、睿智果斷、富有而又聞名的人物。」從此，一種不安躁動在他心裡，那就是富蘭克林吸引他去思考而放棄土地。這個偶然事件對湯瑪士的影響貫穿其畢生，43 年以後，當他最終建造起象徵他事業頂峰的銀行大廈時，他沒有忘記在人形山頭的中央，矗立起一座鐵製的富蘭克林塑像。

勇氣，鼓舞你面對困難；勇氣，幫助你衝破阻力；勇氣，陪伴你走向成功。

我們從小就在遊戲。遊戲的本身，就是在不斷戰勝挫折與失敗中獲取的一種刺激與歡樂。假如沒有挫折與失敗，再好的遊戲也會索然無味。人生就如一場遊戲，但我們身為其中的玩家，真能像在現實的遊戲中嗎？人們玩遊戲時的心態是尋找娛樂，是帶著挑戰的心情去面對遊戲中的困難與挫折的。你面對強大的對手，不斷地損傷受挫，但越是如此，你越發興奮。試想，倘若人們在生活中，也用這麼一種積極向上的遊戲心態，那麼失敗與挫折也就不會顯得那般沉重和壓抑了。既然如此，我們為何不能將挫折變成一種遊戲，以便讓痛苦沮喪的心態超然起來呢？其實二者並無差別，只是人們在遊戲中身心放鬆，而在生活中過於緊張罷了。於是，在遊戲中你可以體會在面對和戰勝挫折的歡樂。同樣，只有你將生活中的挫折視為遊戲，才會從中體會積極人生的快樂……

在一個春光明媚的日子，在陽光普照的公園裡，許多小孩正在快樂地遊戲，其中一個小女孩不知絆到了什麼東西，突然摔倒了，並開始哭泣。這時，旁邊有一位小男孩立即跑過來，別人都以為這個小男孩會伸手把摔倒的小女孩拉起來或安慰鼓勵她站起來。但出乎意料的是，這個小男孩竟在哭泣著的小女孩身邊故意也摔了一跤，同時一邊看著小女孩一邊笑個不停。淚流滿面的小女孩看到這幅情景，覺得也十分可笑，於是破涕為笑，兩人滾在一起樂得不可開交。

5. 收穫榮譽，生命煥發光彩

人生一世，我們總是緊握雙拳而來，平攤雙手而去。我們想緊緊抓住人生這枚硬幣，必須先要學會怎樣鬆開手放棄一些東西。知道該捨棄的應大膽捨棄，該抓住的要毫不猶豫地抓住。正如想要熊掌就必須放棄魚一樣，想要成功必須要犧牲享樂。

葛林斯潘（Alan Greenspan）的父親是紐約頗有名氣的股票經紀人，母親是不起眼的店員，一個與數字為伍，一個與藝術結緣。他從父母那兒繼承了兩份不同的天賦：數學和音樂。

葛林斯潘剛上小學時，有一次和母親到紐約一座森林公園遊玩，年幼的葛林斯潘抓著幾個五顏六色的氣球一路跳著唱著。

母親休息時從包裡取出一隻精緻的口琴吹起來，林間響起悠揚的琴聲。

葛林斯潘瞪大眼睛，沉浸在樂曲中，母親停止了吹奏，小葛林斯潘伸手想要抓住口琴，卻又無法捨棄氣球。他看看氣球，又望望母親手中的口琴，左右為難。母親朝他慈愛地笑著，靜靜的幾秒鐘後，他鬆開了氣球，接過母親手中的口琴。氣球從他的頭上飄起，飄向遠方。葛林斯潘學會了吹口琴。口琴帶他走進了迷人的音樂中。吹起口琴的那一天，葛林斯潘學會了選擇。

中學畢業後，葛林斯潘考進了著名的紐約茱莉亞學院。不久，他陷入深深的苦惱中，因為他在音樂方面長進不大，並且厭倦了音樂。恰在此時，他發現自己對數學和經濟卻有著濃厚的興趣。正當他無所適從時，想起了曾經放開的氣球。他毅然地退了學，轉而進了紐約大學商學院。

1948 年葛林斯潘獲得經濟學學士學位，兩年後，他獲得經濟學碩士學位，並到哥倫比亞大學深造。1987 年，葛林斯潘被雷根總統任命為美國聯邦準備理事會主席，成了一位重要人物。

葛林斯潘的兩次放棄對他最後的成功起了舉足輕重的作用。沒有第一次放開氣球，葛林斯潘就不會有第二次的選擇，更不會有最後的成功。

其實我們每個人都握著許多像葛林斯潘手中一樣的氣球，只是我們不懂得放開它比握著他更有利於我們走向成功。一個人的時間和精力都是有限的，放棄次要的，選擇最重要的，把「好鋼用在刀刃上」，只有這樣，我們才能在自己最主要的方面發揮出創造力，才能步入成功。

小和尚坐在地上哭，滿地都是寫了字的廢紙。

「怎麼啦？」老和尚問。

「寫不好。」

老和尚撿起幾張看：「寫得不錯嘛，為什麼要扔掉？又為什麼哭？」

「我就是覺得不好。」小和尚繼續哭：「我是完美主義者，一點都不能錯。」

「問題是，這世界上有誰能一點都不錯呢？」老和尚拍拍小和尚：「你什麼都要完美，一點不滿意，就生氣，就哭，這反而是不完美了。」

小和尚把地上的紙撿起來，先去洗了手。又照照鏡子，去洗了臉，再把褲子脫下來，洗了一遍又一遍。

「你這是在幹什麼啊？你洗來洗去，已經浪費半天時間了。」老和尚問。

「我有潔癖！」小和尚說：「我容不得一點髒，您沒發現嗎？每個施主走後，我都把他坐過的椅子擦一遍。」

「這叫潔癖嗎？」師父笑笑：「你嫌天髒、嫌地髒、嫌人髒，外表雖然乾淨，內心反而有病，是不潔淨了。」

小和尚要去化緣，特別挑了一件破舊的衣服穿。

「為什麼挑這件？」師父問。

「您不是說不必在乎表面嗎？」小和尚有點不服氣：「所以我找件破舊的衣服。而且這樣施主們才會同情，才會多給錢。」

「你是去化緣，還是去乞討？」師父瞪了眼睛：「你是希望人們看你可憐，供養你？還是希望人們看你有為，透過你度化千萬人？」

老和尚圓寂了，小和尚成為住持。他總是穿得整整齊齊，拿著醫療箱，到最髒亂貧困的地區，為那裡的病人洗膿、換藥，然後髒兮兮地回禪院。

他也總是親自去化緣，但是左手化來的錢，右手就濟助了可憐人。他很少待在禪院，禪院也不曾擴建，但是他的信眾愈來愈多，大家跟著他上山、下海，到最偏遠的山村和漁港。

「師父在世的時候，教導我什麼叫完美。完美就是求這世界完美，師父也告訴我什麼是潔癖，潔癖就是幫助每個不潔的人，使他潔淨。師父還開示我，什麼是化緣，化緣就是使人們的手能牽手，彼此幫助，使眾生結善緣。」小和尚說。「至於什麼是禪院，禪院不見得要在山林，而應該在人間。南北西東，皆是我弘法的所在；天地之間，就是我的禪院。」

6. 保持自然本色

人的際遇各不相同，有人平順和緩，有人則顛簸起伏，有人風平浪靜，有人則波濤洶湧。當面對這些各有不同的際遇時，有人是心平氣和，有人則是忿忿不平，有人是坦然受之，有人則是怨天尤人，大嘆自己的時不我予。

其實，不同的際遇，也可視為上天給你的不同考驗與磨練。當兵時，第一天班長集合大家訓話時，就曾經說過一句話：「當兵接受鍛鍊，你必須有一種想法，那就是合理的是訓練，不合理的是磨練，不用抗議，不用埋怨，唯有咬著牙撐過來，因為這是迫使大家再成長的最好辦法。」

「休息是為走更長的路，磨練是為使你能爬更高的峰。泰然地面對這些不同的際遇，視為一種考驗，坦然地度過它，並從中吸取你應得的經驗。」

有一則故事，是這樣寫的：

有一個年輕人，滿懷著大志到外地經商，經過了三年的奮鬥，終於能夠有所成就，心裡一直夢想著衣錦榮歸、光耀門楣的景象。不料，一場無情的大火把他三年的努力化為灰燼，美夢頓時成為泡影，傷心之餘興起了尋死的念頭。

他想找一個山崖從上面跳下來，結束他這一事無成的一生。到了山崖，他發現已經有一個老人，在山崖上徘徊不決的走著。他好奇走近，問他獨自一個人在此徘徊的原因，那老人告訴他：

「我本來有一個小康的家庭，一家四口和樂地生活著，不料，幾年前自己卻生了一種怪病，看盡了名醫都束手無策，花盡了家產也沒有一點起色，現在為了看好我的病，妻兒們連三餐都都得盡量節省，以籌措我的醫藥費，我成了家中的累贅，我想如果我死了，他們就可以不必再過這種生活了。」

聽了那老人的話，年輕人的內心感觸很多。

就在此時，不遠處有個乞丐，手中提著包子一跛一跛興高采烈地向山上走來。看他的樣子，好像趁著天暖時上山來走走玩玩的。那乞丐看見那二人，不介意地在旁邊席地坐了下來，一面打開所提的包，一面口中唸叨：

「今天天氣真好，二位大哥興致真高，這麼早就來遊山玩水。」

近身一看才知道，這乞丐不只是缺了一條腿而已，肩膀上還少了一隻手臂，原來那包包子是綁在他的袖子上的。看了這情形後，那年輕人想了想那老人的情形，再想想自己，心中不禁盤算著：

「我不過是失去了三年奮鬥的結果，但我還年輕，還有機會再來一次，而那老人家，不過只是暫時失去了健康，但他卻擁有孝順的兒女和賢惠的妻子，那乞丐，雖缺手臂缺腿，無依無靠，卻自由自在地生活。比起他，我們實在是連死的資格都沒有。」

他就對那老人說：「我不想死了！我覺得我們還不是天下最可憐的人，我們不過是沒鞋穿而已，要知道世界上還有的人沒腳，沒腳的人都不願意死，沒鞋穿的人更沒資格去死。」

老人略有所悟的點了點頭，邁著腳步和那年輕人一起下山去了。

幸福是什麼，幸福就是心中的一種平靜，這份平靜來自於你需要什麼要的追求。也就是一種平衡。看啊，多麼荒謬！什麼是平衡？有平衡嗎？在現實生活中又有哪件事情是平等的？我並不看好付出就一定會有回報，我只相信我所獲得的要求我拿什麼去交換，我只在乎我獲取的對我的價值有多大。我們有時候是很現實的，可說得到做得到嗎？這就是人。倘若有一天真的明白了萬物存在的意義，那我就不想留在這個透明的空間了。

哲思是藝術嫁給了思想，是現實抽象而真實的理性表達。對於像我這樣自詡思想者而言，哲學似乎是指向一個目標，即要使所有人類都能得到導引。這個目標面對漫漫時光，其達成之日，所有努力當出自真正的人類而不僅僅是我們身上的一種動物痕跡。然而，現實而言，我的寫作就是忘卻。哲思是忽略生活最為愉快的方式。音樂使我平靜，視覺藝術使我活躍，表演藝術則使我愉悅。

能成功戰勝自己的人，不是先天與眾不同，只是在他們內心深處有戰勝自我的勇氣，這份勇氣使他們蔑視那個敵人，從而最終獲得勝利。

一位原籍上海的中國留學生剛到澳洲的時候，為了尋找一份能夠餬口的工作，他騎著一輛舊腳踏車沿著環澳公路走了數日，替人放羊、割草、收莊稼、洗碗……只要有一口飯吃，他就會暫且停下疲憊的腳步。

一天，在唐人街一家餐廳工作的他，看見報紙上刊出了澳洲電信公司的應徵啟事。留學生擔心自己英語不道地，也不是就讀相關科系，他就選擇了線路監控員的職位去應徵。過五關斬六將，眼看他就要得到那年薪三萬五澳元的職位，沒想到應徵主管卻出人意料地問他：「你有車嗎？你會開車嗎？我們這份工作時常外出，沒有車寸步難行。」

澳洲公民普遍擁有車，無車者寥若星辰，但這位留學生初來乍到還屬無車族。為了爭取到這個極具誘惑力的工作，他不假思索地回答：「有！會！」

「四天後，開著你的車來上班。」主管說。

四天之內要買車、學開車談何容易，但為了生存，留學生豁出去了。他在華人朋友那裡借了 500 澳元，從舊車市場買了一輛外表醜陋的「金龜車」。第一天他跟華人朋友學簡單的駕駛技術;第二天在朋友屋後的那塊大草坪上模擬練習，餓了，就喝一口水，累了他就告誡自己再堅持一下；第三天歪歪斜斜地開著車上了公路，有一瞬間，他差點和別人相撞，他想要退縮，但是他知道自己沒有退路，於是他又打起精神上路了；第四天他居然成功駕車去公司報到。

時至今日，他已是「澳洲電信」的業務主管了。

這位留學生的勇氣著實令人佩服，在短短四天的時間裡，他戰勝了自己的飢餓，戰勝了自己的疲勞，戰勝了自己的懦弱，最終戰勝了自己，得到了那個職位。如果他當初畏首畏尾地不敢向自己挑戰，或者向自己挑戰了，又失去了戰勝自己的信心，那麼他絕不會有今天的輝煌。

一個人的成長，要感謝父母的恩惠，感謝大眾的恩惠。猶太人認為，感恩不但是美德，感恩是一個人之所以為人的基本。

今日年輕人，自從來到這個世上，都是受父母的呵護，受師長的指導。他們沒有對社會做出點，貢獻，卻懷著滿腹的牢騷，抱怨不已，看這不對。看那不好，視恩義如草芥，只知仰承天地的甘之思，不知道回饋，足見其內心的貧乏。

現代中年人，雖有老闆的提攜，自己並沒有發揮特長，貢獻於社會，對現實也存著不滿的情緒，好像別人都對不起他，憤憤不平。因此，在社會上，難以成為稱職的員工；在家裡，難以成為善良的家長。

羔羊跪乳，烏鴉反哺，說明動物尚且感恩，何況我們作為萬物之靈的人類呢？我們從家庭到學校，從學校到社會，重要的是要有感恩之心。我們教導子弟，從小就要他知道所謂「一粥一飯，當來之不易；一絲一縷，應知物力維艱」，目的就是要他懂得感恩。

感恩已經成為一種普遍的社會道德。然而，人們可以為一個陌生人點滴幫助而感激不盡，對朝夕相處的老闆的種種恩惠視而不見。將一切視之為純粹的商業交換關係，視之為理所當然，這是很多公司老闆和員工之間矛盾緊張的原因之一。的確，僱用和被僱用是一種契約關係，但在這種契約關係背後，難道就沒有一點同情和感恩的成分嗎？老闆和員工之間並非是對立的，商業的角度看，也許是一種合作共贏的關係；從情感的角度看，也許有一份親情和友誼。

猶太人成功守則中有條黃金定律：待人如己。也就是凡事站在他人的立場上思考，為他人想。有一位成功的猶太人說：「你是一名員工時，應該多想想老闆的難處，給老闆一些同情和理解。當自己成為一名老闆時，則需要考慮員工的利益，對他們多一些支持和鼓勵。」

很多人對這一黃金定律不太理解，當為他人工作時，認為老闆太苛刻。而當別人為自己工作時，卻又會覺得員工在工作時缺乏主動性。

其實，什麼都沒有改變，改變的只是看待問題的方式。

猶太人認為，這條黃金定律不僅僅是一種道德法則，它還是一種動力，能推動整個工作環境改善。當你試著待人如己，多替老闆著想時，你身上就會散發出一種善意，影響和感染你周圍人，包括老闆在內。這種善意最終會回饋到你自己身上。如果今天你從老闆那裡得到一份同情、理解，很可能就是以前你在與人相處時遵守這條黃金定律所產生的連鎖反應。

猶太人時常教育自己的員工，不要忘了感謝你的上司和同事，感謝生活在你周圍的人。因為他們給予了你很大的幫助。將你的感激之情大聲說出來，讓他們知道你感激他們的信任和幫動。請注意，千萬不要埋在心裡，一定要說出來，並且要經常說，可以使公司的凝聚力增強。永遠都需要感謝。上司批評你時，應該感謝他給予的種種教誨。業務遭到拒絕時，應該感謝顧客耐心聽完自己的解說，這樣才有下一次惠顧的機會。

猶太人認為，感恩不花一分錢，卻是一項重大的投資，對於未來極有助益。真正的感恩應該是真誠的，發自內心的感激，而不是為了某種目的，迎合他人而表現出的虛情假意。感恩是自然的情感流露，是不求回報的，它與拍馬屁並不相同。這些人從內心深處感激自己的上司，但是由於懼怕流言蜚語，而將這種感激之情埋藏在心裡，甚至有意地躲開上司，以顯示自己的清白。這種想法是多麼的幼稚啊！

感恩不僅對公司和老闆有利。對於個人來說，感恩是富裕的人生。它是一種深刻的感受，能夠增強個人的魅力，開啟神奇的力量之門，發掘出無窮的智慧。感恩也像其他受人歡迎的特質一樣，是一種習慣和態度。

感恩和慈悲是近親。時常懷有感恩的心情，你會變得更謙和、可敬且高尚。每天多用一點時間，為自己能有幸成為公司的一員而感恩，為自己能遇到這樣一位老闆而感恩。所有的事情都是相對的，無論你遭遇多麼惡劣的情況。

「我很感激你」、「謝謝你」，應該經常把這些話掛在嘴邊。以特別的方式表達你的感謝之意，付出你的時間和心力，為老闆更加努力地工作，比物質的禮物更可貴。

當你的努力和感恩並沒有得到相應的回報，當你準備離開現在的公司而另找工作時，同樣也要心懷感激之情。每一個老闆、每一份工作都不是盡善盡美的。在辭職前仔細想一想，自己曾經從事過的每一份工作，多少都存在著許多寶貴的經驗與資源。自我成長的喜悅、嚴厲的老闆、失敗的沮喪、值得感謝的客戶、溫馨的工作夥伴……這些都是人生中值得學習的經驗。如果你每天能帶著一顆感恩的心去工作，相信工作時心情一定會很愉快。

人生辯證五要：

感悟傷害你的人——因為他磨練了你的心志；

感悟欺騙你的人——因為他增長了你的見識；

感悟遺棄你的人——因為他激勵了你的自立；

感悟絆倒你的人——因為他強化了你的能力；

感悟斥責你的人——因為他鍛鍊了你的忍性。

一位年輕的大學生在拜訪某高僧的時候問道：「你讀過基督的《聖經》嗎？」

「沒有，讀給我聽聽。」高僧答道。

學生開啟《聖經》，翻到《馬太福音》，挑了數節讀道，「何必為衣裳憂慮呢？你想田野裡的百合花怎麼長起來？它也不勞苦，也不紡織，然而我告訴你們的，就是所羅門極榮華的時候，他所穿所戴的，還不如這一朵花！……所以不要為明天憂慮，因為明天自有明天的憂慮……」

高僧聽了說道：「說這話的人，不論他是誰，我認為他是個已有所悟的人。」

學生繼續讀道：「求則得之，尋則見之，叩則開之。因為，不論何人，皆可求得，尋見，叩開。」

高僧聽了說道：「很好。說這話的人，不論是誰，我認為他是一個距成佛不遠的人。」

電子書購買

爽讀 APP

國家圖書館出版品預行編目資料

橫渡未知，從「思」到「行」的人生轉變：擊潰惰性、學會獨立自主、整治負面情緒……除去以上毛病，「動」起來不再要命！/ 胡美玉 編著 . -- 第一版 . -- 臺北市：財經錢線文化事業有限公司, 2024.02
面； 公分
POD 版
ISBN 978-957-680-749-7(平裝)
1.CST: 自我實現 2.CST: 生活指導 3.CST: 成功法
177.2 113000516

橫渡未知，從「思」到「行」的人生轉變：擊潰惰性、學會獨立自主、整治負面情緒……除去以上毛病，「動」起來不再要命！

臉書

編 著：胡美玉
發 行 人：黃振庭
出 版 者：財經錢線文化事業有限公司
發 行 者：財經錢線文化事業有限公司
E-mail：sonbookservice@gmail.com
粉 絲 頁：https://www.facebook.com/sonbookss/
網 址：https://sonbook.net/
地 址：台北市中正區重慶南路一段六十一號八樓 815 室
Rm. 815, 8F., No.61, Sec. 1, Chongqing S. Rd., Zhongzheng Dist., Taipei City 100, Taiwan
電 話：(02) 2370-3310 傳 真：(02) 2388-1990
印 刷：京峯數位服務有限公司
律師顧問：廣華律師事務所 張珮琦律師

定 價： 350 元
發行日期： 2024 年 02 月第一版
◎本書以 POD 印製